未来出行

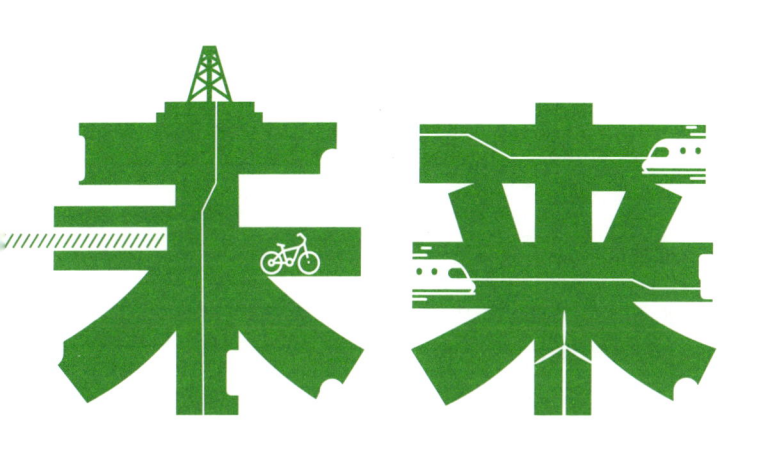

日本三菱综合研究所 编著

孔维智 译

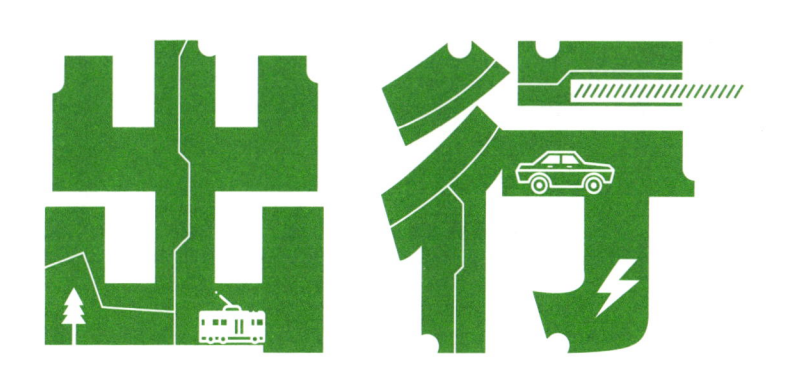

中国科学技术出版社
·北 京·

Original Japanese title: IDOU KAKUMEI: MaaS, CASE wa Ikani Kyodaishijo wo Umidasu ka

Copyright © 2020 Mitsubishi Research Institute, Inc.

Original Japanese edition published by NHK Publishing, Inc.

Simplified Chinese translation rights arranged with NHK Publishing, Inc.

through The English Agency (Japan) Ltd. and Shanghai To-Asia Culture Co., Ltd.

北京市版权局著作权合同登记 图字：01-2021-2583。

图书在版编目（CIP）数据

未来出行 / 日本三菱综合研究所编著；孔维智译 . — 北京：中国科学技术出版社，2021.11

ISBN 978-7-5046-9191-0

Ⅰ.①未… Ⅱ.①日… ②孔… Ⅲ.①交通运输工具—研究 Ⅳ.① U

中国版本图书馆 CIP 数据核字（2021）第 190150 号

策划编辑	杜凡如 杨汝娜	责任编辑	杜凡如
封面设计	马筱琨	版式设计	锋尚设计
责任校对	邓雪梅	责任印制	李晓霖

出　　版	中国科学技术出版社
发　　行	中国科学技术出版社有限公司发行部
地　　址	北京市海淀区中关村南大街 16 号
邮　　编	100081
发行电话	010-62173865
传　　真	010-62173081
网　　址	http://www.cspbooks.com.cn
开　　本	787mm×1092mm　1/32
字　　数	139 千字
印　　张	7.25
版　　次	2021 年 11 月第 1 版
印　　次	2021 年 11 月第 1 次印刷
印　　刷	北京盛通印刷股份有限公司
书　　号	ISBN 978-7-5046-9191-0/U·100
定　　价	69.00 元

（凡购买本社图书，如有缺页、倒页、脱页者，本社发行部负责调换）

序　日益崛起的巨大市场

共享文化，是指特定物品和资产由全社会共享，而非个人独自占有，人们可按需使用。共享文化正逐渐渗透到日本的每个角落。

在此背景下，运用科技整合交通服务，推动其实现最优化的新兴服务应时而生。

这个服务就是出行即服务（MaaS, Mobility as a Service）。它是指"向人们提供移动出行服务"。更详细解释的话，就是指在前往目的地的过程中，除可选择乘坐私家车外，还可以从相关交通部门获得信息，选择最适合自己的路线和交通工具的一项服务。

软件即服务（SaaS, Software as a Service）是指个人不保存或拥有软件，人们只在需要时才会通过网络使用这些软件。刚才提到的MaaS可以说是SaaS的移动出行版。通过以上阐述，其形象应该具体地浮现在你脑海中了。

实际上，现在已经有许多新兴服务在我们身边陆续登场。例如共享汽车服务，人们对车辆只有使用权，而没有所有权。相信在不久的将来，这种新兴服务一定能够在整合公交、出租车、高铁及飞机等多种交通工具的基础上，提供检索、预约和结算功能。同时物流及观光等周边产业也将参与进来，实现共同发展。

当下，MaaS的存在感日趋强烈，出现了一股席卷汽车行业的潮流"CASE"。"CASE"由四个英文单词的首字母组合而成，分别是与通信网络的互联（Connected）、自动驾驶（Autonomous）、共享（Shared）和电动化（Electric）。这可谓百年一遇的技术革新，这股巨浪必定会推动MaaS的普及。

现在，MaaS的版图已然扩张到了全世界。

芬兰作为率先推广MaaS的国家之一，其首都赫尔辛基在2016年时便开始运用智能手机应用提供更便捷的服务，人们在换乘时不用再为更换不同支付方式而劳心费神。

该应用名为"Whim"。运用单一平台的它，将多种多样的交通服务整合起来提供给用户。目前，MaaS国际公司[①]已将该应用实用化，且不断地扩大着其影响力。

Whim操作简单。如果你想去什么地方，只要在Whim中输入出发地和目的地，接着检索即可。之后，囊括并

---

① Maas 国际公司：公司原名为 Maas Global。

组合了公交、出租车和租赁车辆等各类交通工具的多条移动路线会映入用户的眼帘。用户只要从中选择心仪路线，然后确认，便可完成路线的预约乃至费用的结算。

随手出示应用页面就可乘坐各种交通工具，同时轻松省略购票环节。这些由不同企业提供的独立服务群，就如同一个整体，人们能够直接使用。

从最近的动态来看，日本企业也逐步加入到MaaS市场当中。

莫奈科技公司（MONET Technologies）便是其中一例。该公司于2018年10月由丰田汽车和软银集团联合设立，负责开展MaaS业务。

据说该公司会将旗下的多项服务推广到日本全国，其中就包含使用丰田汽车开发的移动出行专用电动汽车（EV，Electric Vehicle）"e-Palette"的配车服务。

此外，丰田汽车还在开发一款名为"我的路线"（my route）的应用，提供的服务包括多模态检索、预约和结算。同时，丰田汽车与西日本铁道公司、九州旅客铁道公司合作，在福冈市、北九州市正式启用了该应用。2020年春季，继横滨市及水俣市之后，宫崎市和日南市也开始推广该应用。现在"我的路线"的版图正井然有序地向日本全国扩张。

2018年初，丰田汽车表示今后将致力于公司的转型，从"车辆制造公司"转型为"移动出行服务企业"。

面对这些超越过往行业壁垒的尝试，丰田汽车正采取各种措施加快前进的步伐，决意与软银集团开展合作便是其中的重要一环。

铁路企业也在类似方面积极尝试。如东日本旅客铁道公司曾在2017年时积极尝试创新，成立了"移动出行变革联盟"。各类涉足交通及通信行业的企业都踊跃加入该联盟，热烈讨论着该如何构建"多模态"社会，即将多种交通工具互相连接起来的移动出行社会。

另一边，日本首都圈的铁路企业并未"坐以待毙"，同样积极开展了合作。例如之前由各家公司任意使用的铁路时刻表及列车行驶信息等数据，现如今已逐渐向社会公开。

2018年末，非营利财团法人日本MaaS联盟（JCoMaaS, Japan Consortium on MaaS）的神秘面纱被揭开。该团体希望能够通过产学官合作①在日本普及MaaS。

2019年小田急电铁构建了公开性共享数据基础平台MaaS日本，与此同时该公司积极与众多企业寻求业务合作。

类似案例还有很多。例如在日本关西地区，大阪地铁、近铁、京阪、南海、西日本旅客铁道公司、阪急和

---

① 产学官合作：产学官合作是日本独特的合作方式，指产业、大学和政府机构三者合作。——译者注

阪神这7家公司就联合组建了"关西MaaS商讨会",共同商讨能够适应未来趋势的策略。它们的讨论对象甚至包括了将于2025年举办的大阪世博会。

为了推动MaaS的发展,不仅需要汽车、旅客、物流和信息技术服务的支撑,与铁路、海运、空运、电力、基础建设和城市规划等其他方面的联动也必不可少。随着移动出行相关数据之间的联系日益紧密,大数据应运而生。有效地利用大数据,或会催生出与我们生活及经济密切相关的全新服务。

日本企业并未将视线局限在汽车厂商和信息技术企业身上,而是通过多行业联动,绘制出可适应新兴国家发展的MaaS与CASE设计图。我们三菱综合研究所希望今后日本企业能够借着这一巨大挑战在世界面前大显身手。

另外,移动出行革命或许还能够解决一些社会问题。

如果有更多人能灵活高效地利用公共交通、拼车和租车等交通服务,那么不仅城镇地区的拥堵能够得到缓解,还可以解决交通服务骨干力量不足及地区公共交通衰退等问题。对市郊来说,保障"最后一公里"[①]（Last One Mile）的交通方式以及支援地区交通弱势群体都是必须正视的问题。面对这些,MaaS、CASE或能起到作

---

① 最后一公里:指最后一段移动出行区间,例如从最近的车站到自己家。因距离的单位不同,国内常称为"最后一公里"。——译者注

用。尤其是随着人口老龄化和驾照返还政策①的不断推进，今后交通弱势群体必定会大幅扩大。

MaaS对环境的良好影响值得期待。之前提到的芬兰首都赫尔辛基在投入使用Whim之后，其私家车使用率减半。环保型公共交通工具的使用率上升，这意味着二氧化碳及其他汽车废气排放量降低。不仅如此，城市的重新开发得到推动，城市旧貌换新颜。

其实除了人类移动出行方面的变革，物品移动的变革也备受瞩目。只要这些"移动出行革命"得以实现，无论生活还是经济都会迎来巨大变化。

得益于数字化的进步，在家办公或购物成为可能。在这样的时代浪潮中，促使人们主动外出，运用真实体验给生活增添色彩，不但会让经济步入良好循环，还能推动城市向下一代紧凑型城市及智慧城市方向进化。综合来看，MaaS、CASE可谓是让我们的生活实现版本升级的巨大机会。

尽管以欧洲为首的海外地区已然在MaaS的推进方面占据领先地位，但日本也开始通过实验对个别技术及功能进行验证，发掘课题。

每个地域的固有需求其实都非常多元化，因此必须

---

① 驾照返还政策：日本法律并未规定驾照持有者的年龄上限。但近来日本高龄驾驶员因身体机能退化等原因频繁引发交通事故，所以日本开始推进高龄驾驶员驾照自主返还政策。——译者注

要有与之契合的举措，或者说必须明确服务的需求。若含糊不清，那么民间力量就很难加入全新的行业中。虽然地区政府会以行政手段维持地区交通的运行，但在财政方面还是会捉襟见肘。为了扫清障碍，首先民间公司需要让自家服务贴合地区的实际情况，其次地区政府还得通过行政手段与官民合作的方式进一步开发全新的交通服务。

尽管存在诸多困难，2019年之后，一些着眼于服务实质化的尝试仍旧在日本开展起来。

2019年1月到3月，横滨地区以东急电铁为中心，打着"日本首个郊外型MaaS"的旗号，在多摩广场站附近的住宅区开展了实证实验。活动从1月下旬开始，总共约2个月的时间。这期间，该地区同时提供多种交通出行方式，例如高级通勤公交，车内设施齐全，配备有无线网及洗手间等，将多摩广场站和涉谷站连为一体。还有按需公交，它能够根据智能手机的事先预约情况灵活变更运行路线，让乘客可以在自己希望的上车地点乘车。以及以同一公寓住户为对象的共享汽车等服务。

同年4月到6月，东急电铁及东日本旅客铁道公司等又在伊豆地区开展了"观光型MaaS"的实验，该尝试同样标榜日本首次。此服务能运用智能手机妥当安排车站和机场到观光地的出租车及共享汽车等联运交通工具，并且还能完成费用结算。通过与地方政府、住宿设施和观光基地的合作，使得观光客能够无缝游览分散在伊豆各处的名胜古迹。同时，服务可掌握用户们的详细需求，促进全新交通方式的开发。

同年10月，小田急电铁与东日本旅客铁道公司以及提供路线检索软件的瓦尔研究所（VAL）合作，在立川地区开展了实验。该实验运用铁路和公交的实时运行数据，提供路线引导。

出发和到达时刻准确的铁路，运行管理周到的公交及出租车等都是日本交通工具的固有特色。若有效利用起这些高级服务，那么MaaS必定会非常普及。

希望这些实证实验的成果能对其他地区产生积极影响，让日本版MaaS走上稳定发展的道路。

当今这个时代，"移动出行"的形态在软硬件两方面都发生着巨变。那么今后日本的产业地图将会被怎样刷新？将来我们的生活又会发生怎样的变化？接下来本书就为各位阐明象征着MaaS、CASE的"移动出行革命"的真实面貌。

目录

绪论

2030年的移动出行生活 / 1

三大关键词:"互联""个性化""附加价值提升" / 2

已经开始的移动出行革命 / 5

日益扩大的按需拼车交通 / 7

城市地区免费型拼车的可能性 / 9

超小型移动出行,低速自动配车服务的出现 / 11

终极的最后一公里支援 / 13

不调动人力,而直接调动行李 / 16

第1章

以CASE预言的汽车产业的未来 / 19

负面影响的消除 / 20

汽车是日本的基础产业 / 22

百年一遇的革命已拉开帷幕 / 25

互联:车辆互联,改变移动出行 / 29

事先预测世界的变化而后由人工智能更新地图 / 32

自动驾驶：快节奏前进的自动驾驶实用化 / 34

自动驾驶的规划图和现状 / 37

自动驾驶等级定义概要 / 39

支撑着自动驾驶的动态地图 / 42

成为支撑智能化社会的产业基础 / 44

期望量子计算机能被有效利用 / 48

急速普及之中的共享化 / 50

电动化：世界第一的电动汽车大国 / 57

无线充电的实用化 / 60

CASE的效果会惠及社会全体 / 62

持续扩大的商机 / 64

第 2 章

MaaS所引导的下一代铁路商业模式 / 67

铁路引领着MaaS的发展 / 68

大型私营铁路商业模式的转换期 / 70

成为提供丰富体验的场所 / 72

日本对MaaS的尝试 / 74

地区类型视角下的MaaS / 76

本源性需求视角下的"目的型MaaS" / 80

各铁路企业的举措 / 83
已拉开序幕的订阅服务 / 86
进入正式实施阶段的MaaS / 90
MaaS的发展也会改变城镇建设的面貌 / 94

第 3 章

产业和移动出行携手走向共创 / 97

移动出行革命所形成的巨大市场 / 98
匹配机制才是平台商业的收益之源 / 101
用动态定价进一步扩大收益 / 104
受各方瞩目的莫奈科技 / 106
欲加入MaaS的众多海外大型平台 / 110
日本地区围绕平台的竞争 / 116
"目的型MaaS"所蕴含的无限可能性 / 122
让MaaS变现的商业模式 / 126

第 4 章

被作为日本国家战略的MaaS、CASE / 131

MaaS是"旗舰项目" / 132
物联网×大数据×人工智能×机器人 / 135

MaaS是城镇建设的重要部分 / 137
在日本推广全新移动出行服务时必须做的事 / 139
日本不断推进的制度修正 / 141
加速移动出行革命的5G / 147
被进一步强化的电动汽车普及政策 / 149
日本版MaaS的目标 / 151

第5章

移动出行革命将成为地方创生的王牌 / 157

城镇建设的未来 / 158
人口减少造成的交通问题 / 161
企业人手不足加剧,交通服务仍无法达到需求 / 163
都市地区和地方面临的不同交通问题 / 165
愈发被人们期待的MaaS / 168
向问题的解决迈进 / 170
MaaS为何而存在? / 172
MaaS所开拓出的地方未来 / 174
选定19项"先行模范事业" / 180
以未来的智慧城市为目标 / 182

终章

街区会蜕变，生活也会蜕变 / 185
日益广泛的CASE——索尼汽车的冲击 / 186
丰田欲以互联城市作为目标 / 188
目标是先行实现智慧城市的超级城市 / 191
大阪世博会是移动出行革命的展台 / 193
移动出行革命会带来丰富多彩的生活 / 195

附录

共同研究报告 / 197
行为变化的机理和超越MaaS的可能性 / 198

绪论

2030年的移动出行生活

三大关键词:"互联""个性化""附加价值提升"

2030年的某一天,一名在市中心工作的男性的一天开始了。今天他计划去外地出差,为了能在13点,也就是会议开始前到达目的地,便与人工智能(AI)音箱攀谈了起来,去预约可供选择的移动出行方式。话音刚落,就有三个候补选项出现,分别是"自动驾驶汽车""飞行汽车(空中出租)""铁路出行"。

此外,根据自身对移动出行的期望,又分为"想要工作"和"想要放松"两种模式。他选择了"想要工作"后,人工智能音箱建议他使用自动驾驶车辆,因为这样在路途中他就能集中精力去工作。与必须亲自驾驶车辆的时代有所不同,能够将移动出行的时间用来工作,实在是极其便利的一件事。不仅如此,在车内还能通过车辆连接的高速通信网络召开视频会议。

在出行途中,紧急事故引发交通堵塞的信息传输而来。接收到信息之后，智能手机应用立即提议变更路线。如果换乘"无人迎接"的个人专属移动出行工具，便能在预计时间内到达目的地。今后，这些移动出行及附加服务或许会被整合起来提供给用户。

另一场景是在郊外生活的高龄女性，她是前述那名男性的母亲。她使用人工智能音箱预约了14点开始的诊疗，几乎同时，直达医院的出租车已然就绪。在车内还能开展测量血压及体温等工作，这些数据又会被自动发送到医院那里。像这样预先完成测量的话，医生的诊断会变得更为高效。

诊疗结束后，该名女性又和智能手表进行了一番交流，预约了铁路出行，准备离开医院后前往位于市中心的儿子家，给孙子庆祝生日。

乘车时，女性经由脸部识别通过了检票口。在车厢内，她一边考虑着和身体健康相关的事情，一边沉浸在锻炼项目中。

以上便是我们描绘的不远的未来移动出行社会的面貌。

其中包含三大关键词。

首先是"互联"。能够囊括从自家到目的地即门对门（Door-to-Door）的范围，将汽车、高铁及飞机等交通工具无缝互联起来的服务登场，成为移动出行服务的核心。

现阶段，单个交通工具的最佳组合是由消费者亲自思考后指定的。而在未来，各种移动出行的检索、预约和结算等服务或被高度整合，取代当前的形式。

其次是"个性化"。智能应用提议的移动出行方式及附加服务是与个人目的及嗜好相匹配的。就拿前述女性来说，可以在车内测量体温及血压的车辆与"去医院"这一目的是高度匹配的。

最后是"附加价值提升"。移动出行服务并不是简单地止步于移动出行方式，而是变化成符合个人目的的平台以及提供娱乐活动的空间。在所举例子中，男性将该空间用于工作，而女性则将其用于锻炼，这些都让移动出行变得更加实用。

已经开始的移动出行革命

接下来的内容依旧围绕先前话题展开。

其实按照当今的科技发展趋势,有很多对未来的预想根本不用等到2030年便能实现。正如序言中描述的那样,世界首个MaaS平台"Whim"于2016年在芬兰首都赫尔辛基诞生,目前已处在正式运营阶段。在同一个应用内能够完成公交、出租车、高铁的检索、预约和结算,即便换乘多种交通工具也是统一结算的。不仅如此,该应用还拥有"定额制随意乘"这种订阅服务。

在日本,东日本旅客铁道公司和日立合作开发了可以将共享单车、出租车和公交等交通方式互联为一体的应用"Ringo Pass",与此同时该应用的实证实验一并启动。将来,预计会有更丰富的交通工具与之对接。而与东日本旅客铁道公司的应用、日本交通卡(Mobile Suica)和电子货币的合作也可能会在将来的某一时刻起步(第2章)。

丰田汽车曾经在2018年1月时宣布："今后我公司将超越汽车企业的存在，目标为成为移动出行公司，帮助人们实现各种移动出行方式。"（第1章）同年10月，丰田汽车和软银集团共同发布消息称全新的MaaS公司莫奈科技正式成立。

至此，MaaS及CASE掀起的移动出行革命，开始向汽车行业及铁路企业以外的领域扩张。而MaaS自身的概念也从"向人们提供移动出行服务"往"和其他行业共创移动出行"转变。即向打破各领域壁垒及行业革新的方向迈进。

例如，先前提到过使用高速铁路时还能够锻炼身体。那么这项服务是谁提供的呢？让我们大胆设想一下，有没有可能是健身房呢？希望将车辆作为广告载体给自己做宣传。有没有可能是保险公司呢？希望通过前述服务促进人们的身体健康。在移动出行革命的浪潮中，无论是汽车、铁路及航空等移动出行方式的互相合作，还是超越传统的"移动出行"框架，与所有行业开展合作，都是一种必然。

为了迎接新时代，不光需要依靠公交及出租车等既有交通方式的互相组合，移动出行这种行为自身的变化也至关重要。接下来就为大家介绍已经出现的预示着变革的3大征兆。

日益扩大的按需拼车交通

第一个征兆是按需拼车交通。目前，日本京丹后市引进了一项名为"互相支撑的交通"的配车服务，它通过应用程序实现门到门服务，驾驶员都是当地居民，车辆也都是他们自己的私家车。

也就是说该项服务使用的并不是公交及出租车等绿牌商业用车[①]，而是白牌普通车辆[②]。现在人口过疏地区正在有效利用这些白牌车去填补公交等公共交通工具的不足，提升交通便利性。

其实按需拼车这种交通方式的运用并不局限于人口过疏地区。比如2018年10月，都科摩公司（NTT Docomo）就和未来share公司[③]联手在横滨市开展了人工智

---

① 绿牌商业用车：在日本牌照有黄、白、黑、绿4种颜色，其中绿色为商业用车。——译者注
② 白牌普通车辆：白牌一般用在发动机排量超过1.0升的私家车上。——译者注
③ 未来share公司：日本一家科技公司。

能运营公交（第3章）的实证实验。据说只要身处预先设定好的31个上下车地点，便可以按自己的喜好自在出行。

最近，由都科摩公司主导的"人工智能运营公交"又有新动态。2019年12月至2020年2月，为了丰富居民的移动出行方式，横须贺市、京急电铁和NEDO[①]三者联手，在横须贺市的逸见及周边地区正式运营起"人工智能运营公交"，在这个过程中还连接了商业设施及医疗设施的系统。当时，这样的尝试在日本尚属首次。按需交通的实际验证也在不断改变，原来或许仅仅是单纯地验证运营，随着发展，实际验证逐渐开始增加目的地数量，并更加考虑用户便利性等因素。

若公交企业能提供这种按需拼车服务，那么路线设计一定会更加高效，同时还可能助公交企业削减成本。此外，由于上下车地点拥有较高的自由度，所以车费自然水涨船高，而这却又能够提升企业的收益。紧随公交企业，出租车行业也开始提供拼车服务，近来相关实验的频次越来越高。它使得对乘客的运输更高效，费用更低廉，提高了用户对出租车的使用率。如此看来，今后这类拼车服务的提供范围应当会继续扩大下去。

---

① NEDO：新能源、产业技术综合开发机构。

城市地区免费型拼车的可能性

第二个征兆是免费型拼车。例如代替了广告视听这一传统宣传方式的出租车免费乘坐服务"诺马克"（nommoc）。2018年，该服务与日清食品公司推出的即食型杯面"兵卫面"联手打造了0日元出租服务，当时一度引发人们热烈讨论。

除此以外，这里还想列出一个全新案例，那就是名为CREW的应用。使用时，只产生系统使用费和实际燃油费。支付给驾驶员的并非车费，而是任意金额的感谢金。

在这个案例中，从驾驶员的权益保障来看，由驾驶员和用户构成的相互评价系统是不容忽视的。如果用户给予驾驶员的谢礼过少，那么他所获得的评价有可能变差，这一考量是为了让驾驶员能获得相对丰厚的谢礼。当前，日本在法律制度方面和海外还存在差距，所以像海外地区那样的拼车市场还无法在日本成为现实

（第4章）。但因为CREW应用本身不存在车费的概念，所以它提供的服务是不被法律限制的。

人手不足及老龄化让出租车行业备受困扰。若拼车服务和出租车可以共存，那么相关方必将获益良多。

就共存的方法来说，例如在出租车供给量较少的时间段内允许拼车。或者，只有访日外国人等观光客乘坐时才允许拼车。更深入探讨的话，比如可以让语言能力较为优秀且熟知所在地区相关情况的观光志愿者兼职充当"观光客专用拼车"驾驶员等角色。

像这样在一定条件之下，拼车和出租车之间的关系会更加和谐，而这也可以成为和当地居民携手解决交通行业困难的方法。

相关企业在推进前述案例时，都联合了像都科摩公司及日清食品等众多非移动出行行业的企业。此外，先前谈到的莫奈科技公司为了实现移动出行的变革，于2019年3月设立了"莫奈联盟"。当中就包含了众多非移动出行企业，打破了行业之间的既有界限。共计有500家公司成为联盟成员（截至2020年2月）。

以上这些活动预示了移动出行革命的到来。

超小型移动出行，
低速自动配车服务的出现

　　第三个征兆是使用超小型车辆的低速自动配车服务。让我们放眼未来，运用时速30千米以下的低速自动驾驶车辆的服务或会登场。用智能手机呼叫后，自动驾驶车辆便会缓缓地向驾驶员驶去，到达后，驾驶员再按正常速度驾驶。这种服务真的是天方夜谭吗？另外，归功于自动驾驶相关法律法规的修改，2020年以后，为这些服务起到支撑作用的技术的应用预计会被提上日程。这类服务登台后，自动驾驶技术（第1章）一定会渗透到世间各处。

　　对于共享汽车企业来说，提供低速自动配车服务，自身也可以获得巨大好处。使用者对距离的忍受程度是有限的，对自己所处的位置和共享汽车站点的距离也是如此。曾有问卷对这一距离的极限进行过调查，结果显示能够接受步行15分钟以上的人只占三成左右。从现状来看，如果共享汽车站点周边的用户群体达不到一定密度，那么想以共享汽车事业获得可观的利润恐怕只能是白日做梦，其商圈也只能被限制在东京、名古屋和大阪等大都市周边。然而，如果车辆自身能够移动，那么各共享汽车站点的用户量一定会有所增加。如此一来，在商圈的扩大过程中，看起来在既有共享汽车服务方面并不会创造太多收益的一些地区也会成为主角。当然，如果普通乘用车低速行驶，不仅有可能造成道路拥堵，还有可能妨碍其他车辆行驶，但如果是1~2人用的超小型车辆，不难想象，它们那娇小的身姿一定会弥补这个不足。

　　接下来想给大家介绍的是今后可能会登场的未来交通工具。在2030年的生活当中，无论哪种或许都是稀松平常的。

终极的最后一公里支援

人们居住的城市存在很多独有的交通问题，个性化移动出行这一重要工具或许能够成为最有效的解决方案，让停车场空间不足、废气导致的大气污染、公共交通工具数量的不足以及拥挤等问题得到缓解。

2001年，站立式电动踏板车"赛格威"（Segway）闪亮登场，那独特的风格瞬间集全世界的目光于一身。其设计者是美国著名发明家狄恩·卡门。该踏板车不像汽车那样需要占据一定空间，使用它也不需要特别学习什么技术，就算体力不佳也可畅享移动出行。另外，由于它不直接排放二氧化碳，所以不会给环境造成额外负担，十分适合作为变革型未来交通工具去宣告21世纪正式拉开帷幕。这也让它当年的首次亮相显得华丽绚烂。

在那之后，美国大部分州及欧洲各国陆续准许赛格威在公路上行驶。它拥有很多优点，例如优良且较小的转弯半径、能被各方察觉的优秀视认性以及与行人交流沟通的方便性。这些优点被悉数利用后，赛格威逐渐承担起了警察及安保公司巡逻工具等角色。正因如此，它的身影开始频繁出现在世界的各个角落。

但是在日本，由于法律在很长时间内都没有做出明文规定，所以曾经有段时间它根本无法在日本的公路上行驶。2011年赛格威才在日本的公路上正式亮相。那一年，茨城县筑波市设立了"筑波移动出行机器人实验特区"，在该特区内是可以进行公路行驶实验的。2013年，丰田运用开发的赛格威型个性化移动出行工具"小翼"（Winglet）在此特区内开展了行驶实验。一系列实验明确了这类小型工具是具备一定的安全性的。因此，2015年日本政府终于认定赛格威型移动出行工具是道路交通法中所记载的"小型特殊汽车"，由此，在真实的公路上开展实证实验成为可能。

在那之后，独轮车型、滑板车型及滑板型等各种各样的超小型个性化移动出行工具陆续诞生，渐渐成为"最后一公里"型交通方式，支撑着乘坐公共交通工具从站点到目的地的移动运输。

电动滑板车共享服务的使用范围以美国城镇地区为中心爆发式扩张。只要通过专用应用程序，便可以随心所欲地搜索附近的滑板车，从上锁解锁到费用支付，都能在应用程序内一口气完成。滑板车不像租赁自行车那样需要归还到专用停车场，使用结束后随处停放即可。

这种无拘无束的感觉让滑板车超越了摩托车及自行车，成为更加贴近人们生活，且使用起来十分便利的移动出行工具。滑板车也因此在街区内彻底争取到了属于自己的一席之地。

日本的新兴企业也孕育过独特鲜活的案例，名为"蔚尔"（WHILL）的轮椅型出行工具就是其中之一，它能够智能化地支持老年人及残障人士的移动出行。在2019年度日本物联网（IoT）资金筹措排行榜中位于前列，累计筹措金额超过81亿日元。

不过，这些多姿多彩的移动出行工具不可避免地要与既有规则展开磨合，否则便无法被社会接受。就像前面讲的电动滑板车那样，随着使用范围日渐扩大，被随手堆放在路边的情况也随之增加，除此以外，危险驾驶也逐渐成为较大隐患。

另外，软硬件双管齐下十分重要。比如有意识地去消除路面高低差，或者设置专用道路等，从而去推动街道设计更加贴合个性化移动的出行工具。与此同时，为了让汽车、自行车和行人能够更加安全舒适地共享城市空间，法律制度的强化同样不可或缺。

不调动人力，而直接调动行李

就像宠物犬跟着主人一样，大件行李也总是紧紧跟随在人们身后。在2016年拉斯维加斯国际消费类电子展览会上，一家来自以色列的风险投资企业UNA Robotics发布了"可移动式行李箱"，该产品在当时引发了人们的热议。

行李箱会和物主的智能手机连接起来。运用安装在行李箱上的摄像传感器，其在跟随物主的同时还能巧妙地避开障碍物。不可否认的是只适用于平坦路面确实给它的运用范围带来了一定限制，但如果笨重不堪的行李能够灵活移动，人的自由度显然会有明显提升。

人手不足是目前物流行业的较大问题，像这种"让行李随意移动"的技术也就自然而然地被人们当成一种解决方案，社会各方无不翘首企盼。

日本的机器人风险投资企业ZMP所开发的配送机器人CarriRo® Deli也是这类新兴工具之一。从外观上看其实就是个箱子，只是装有轮胎，虽然造型可爱得像玩具一样，但内部却最多可容纳50千克的行李，不仅如此，内置摄像头及激光传感器还会360度无死角地监视周围环境，在屋内外自主行驶。它除了拥有躲避障碍物的本领之外，甚至还具备横穿人行道以及识别行人信号灯等能力。对于什么样的场景会利用到该技术，该企业也有设想，如短途食物配送等。现在该公司正以此为思路率先在大学校园内以及办公楼内陆续开展实用化相关的实证实验。

德国的大型邮政公司德国邮政（Deutsche Post）在该国西部城市巴特黑斯费尔德开展的实验为期6周。过程中用到了名为"机器人邮差"（Post BOT）的四轮机器人，可以承载150千克的货物，同时实验场景拥有普通公路那样的实际环境。

由美国机器人企业星舰科技公司（Starship Technologies）和梅赛德斯-奔驰联手推进的"机器配送车构想"（Robovan）在这类物流行业的最后一公里支援方案中是较为独特的一个。简单来说，"机器配送车构想"是将汽车和机器人组合起来的运输系统。机器人方面使用的是功能与CarriRo® Deli较为类似的自主行驶式机器人，将其安装在货车上之后，先运输至相应地区的配送基地，之后再化身配送机器人，挨家挨户送货上门。为了以最小限度的人力资源承担广阔区域的配送工作，它必须在世界范围内实施，因此欧美各国也在开展相关测试。

即便在日本，配送行业的人力资源不足问题也日益严峻。为了解决这类问题，很多企业都有所行动。其中就有由大和运输及纵游公司（DeNA）携手推出并在2017年就已经启动的"机器猫大和"（ROBONEKO YAMATO）无人配送项目，该项目还融入了自动驾驶技术。

首先，自动驾驶电动车会将装有行李且附带上锁功能的保管箱运输到事先和用户商议好的地方。之后，用户前往停车处，利用智能手机解锁保管箱，取得行李。2018年无人状态下的配送实验成功完成。因为无人运输涉及公路，日本的相关法律法规等还有待完善，所以实验与实际运用之间还有一段距离。

不过，可以具体指定行李接收时间以及交接过程中不用与任何人接触等都是以往的配送服务不曾拥有的优点，因此很多用户都给予了正面评价。

和之前提到的个性化出行工具一样，为了让这些行李及配送机器人在街道上自由穿梭，不仅需要制定相关规则，完善行驶环境等也是不可或缺的重要环节。

今后，移动出行的服务模型及交通工具的多样化会继续向前迈进，我们能够使用的移动出行方式也会更加丰富。未来，移动出行必定会挣脱原先的枷锁，与其他产业达成合作，进一步扩大商机。

第1章

以CASE预言的汽车产业的未来

负面影响的消除

日本经济产业省曾在《汽车新时代战略会议中途整理》中提出："20世纪是机动化的世纪。机动化将移动的自由、经济的增长等益处播撒到世界各地，带到了每个人的身边。"与此同时，报告也对未来表现出了担忧，那就是机动化对于环境的不良影响，比如交通拥堵、事故之类的社会性负面影响逐渐显现，随着世界性的城市化发展愈发严峻。

在此背景下，人们对于汽车抱有极大的期待。例如，希望汽车行业能够在对策方面做出积极贡献，缓解地球大规模的气候变化。

2015年11月到12月举行的《联合国气候变化框架公约》第21次缔约方大会通过了《巴黎协定》。该协定是《京都议定书》（1997年通过）的后继者。《巴黎协定》在制定2020年以后的温室气体减排目标以及长期性低排放战略等方面提出了相应要求。截至2019年7月，批准国数量为185个。《巴黎协定》要求包含发展中国家在内的所有参与各方都致力于温室气体排放量的削减,具有划时代的意义。

以下是该协定提出的长期目标的部分内容。

⊙ 把全球平均气温控制在工业革命前的水平,升幅在2摄氏度之内,并努力将气温升幅限制在工业革命前水平以上1.5摄氏度之内。

⊙ 为了实现长期气温目标,需尽快让温室气体的排放量达到全球峰值,在21世纪下半叶实现温室气体的排放量与(森林等)吸收量之间的平衡。

为了实现《巴黎协定》,世界各国都在商讨对策。例如日本,其运输行业的二氧化碳排放量约占到了日本全国的20%。因此,这个协定对移动出行领域的影响令人无法忽视。

当前,全球汽车销量仍然以新兴国家为中心继续增加,而城市化水平也在不断提升,不难想象,大气污染及能源保障方面的问题会更加凸显。

在此趋势下,在提升环保性能方面,汽车行业面临着愈发严格的要求,例如必须应对日益严格的排放量限制等。

汽车是日本的基础产业

根据日本汽车工业协会的统计，2017年汽车制造业的产品出货金额等较前一年增加了5.1%，达606 999亿日元（1元人民币约等于17日元）。而在所有制造业的产品出口金额中，汽车制造业占据19.0%（占机器工业整体的41.2%）。2017年度，汽车制造领域的设备投资金额达到了12 902亿日元，研究开发费用为29 296亿日元，若按主要制造业来计算的话，两项总和占据日本主要制造业的两成以上。

此外，汽车出口金额为160 000亿日元，汽车相关产业从业人口数量攀升至546万人。

根据日本内阁府"消费动向调查"的数据，年轻一代（29岁以下）中大约每5户中就有3户拥有乘用车，而在中青年人群（30～59岁）中，则几乎是每5户中就有4户拥有乘用车。

由此可见，汽车已经成为支撑日本经济的重要基础产业。近年来，随着共享经济的兴起，汽车行业也发生着改变，人们逐渐开始从"拥有"车辆转变成"使用"车辆。

不过，从统计资料来看，30岁左右的人士的汽车保有率与以往基本持平。另外，日本汽车工业协会的"2017年度乘用车市场动向调查"在"车辆拥有形式的认识"中谈到，在汽车服务中，日本国民只对车辆租赁有着较高的认识，其他服务仍然处在普及过程中。

针对"共享汽车"这一项，尽管有四成回答者表示对其有一定的认识，但是真正体验过的却寥寥无几。仅有一成左右的人拥有使用意向。（问卷结果因为区域的不同存在很大差异，在首都圈中心地区，对"名字+特征"有较高程度认识的人达到了六成，有使用意向的人也有两成。）人们对"个人之间互相共享""拼车"这两个项目的认识程度和使用意向也同样很低。

2018年3月公益财团法人交通生态出行财团的调查结果显示，日本共享汽车车辆站点数达到了14 941个（与前一年相比增加了16%），车辆数达到29 208台（与前一年相比增加了19%），会员人数为1 320 794人（与前一年相比增加了22%）。

当然，目前这个阶段人们的观念是很难大幅度地向

"使用"车辆转移的,但从中长期来看,"年轻人离开车辆"的速度会加快,这是毋庸置疑的。面对这样的背景,不仅作为支撑日本经济的重要基础产业,同样也在经济中占据重要地位的汽车产业,如今也处在剧烈的变化当中。

百年一遇的革命已拉开帷幕

在2018年10月丰田汽车发布的《年度报告2018》当中，该公司社长丰田章男曾经这样阐述道："在大约100年前，美国拥有1 500万匹马，而现在它们则被置换成了1 500万台汽车。现在和当时的处境几乎相同，甚至迎来了在那之上的范式转换①。每天都能感受到汽车行业进入了百年一遇的大变革时代。'电动化''自动驾驶化''互联''共享'等方面的技术革新急速向前迈进，在全新的竞争规则下，与全新对手之间的战斗已经开始。这样的战斗并非胜或负，而是生或死。我已经决心让丰田从'汽车制造公司'转型为'移动出行公司'，提供所有移动出行的相关服务。"

正如丰田社长所阐述的那样，当前面临的是自福特T型车于1908年在美国登场以来的百年一遇的大变革。

---

① 范式转换：又称典范转移，描述在科学范畴里，一种在基本理论上对根本假设的改变。——译者注

在这呼声中，各公司逐渐投入到新技术的开发。当然物联网的发展也是其背景之一。

2016年，德国戴姆勒在其中长期愿景中提出了"CASE"这一关键词。该关键词清晰展示出了今后汽车开发的方向，因此，概念本身的影响力瞬间覆盖了整个业界。

如序当中所提及的那样，"CASE"是由Connected、Autonomous、Shared、Electric四个英文单词首字母构成的。

Connected，意思是互联化，指汽车不再是单纯的移动出行机器，而是拥有信息通信技术（ICT, Information and Communication Technology）终端功能的工具，也就是说它正在向"互联汽车"演变。由于"互联汽车"配备有通信设备，所以无论何时都能够和外界开展信息通信。确实，以往的导航以及ETC等也都和外界互联，但近年来随着通信环境及人工智能的发展，车辆无论何时无论何地都可以连接网络，大量的数据互换因此成为现实，可利用的服务渐渐拥有了更加丰富的可能性。接下来阐述的自动驾驶要是缺少了这些，基本上就不可能实现。

Autonomous，意思是自动驾驶。随着达成程度不断提升，作为汽车规格标准化团体的被人们所熟知的美国SAE等机构给自动驾驶划分了等级。已经普及的自动制动系统及自适应巡航系统（ACC，Adaptive Cruise Control，跟随前车行驶的功能）等相当于等级1~2的辅助驾驶功能，使用时驾驶员需要时刻监视系统的运行状态。

等级3则是"有限制条件的自动驾驶"，也就是说在一定条件下，例如行驶在高速公路上，系统会完成基本的驾驶操作。当然，有一些复杂场景系统难以应付，所以仍需驾驶员介入操作。

等级4是"特定条件下的完全自动驾驶"，如字面意思，在特定条件下，系统可以承担所有的驾驶操作。已经有些国家及地区的政府已计划在2020年前实现这一等级的目标。在这些限定地区开展的无人自动驾驶移动出行服务与该等级相当。

再进一步便是等级5"完全自动驾驶"，系统自始至终地承担驾驶操作。想要顺利实现等级5，还需要跨越过各种门槛，例如基础建设的规整以及法律的完善等。如果当等级4或等级5都步入实用化、一般化，那么移动出行过程的体验方式将更加丰富。

Shared，意思是共享化，除此以外还包含着服务的意思。最近，随着共享汽车及拼车类服务进一步普及，人们的意识不再拘泥于"拥有"汽车，而是逐渐转变为"使用"汽车。今后，随着"互联"及"自动驾驶"的发展，人们应该会慢慢地将汽车看成一种享受移动出行附加服务的空间。

　　Electric，意思是电动化，即动力源的电动化。目前，世界主要国家都在更加努力地管控废气排放，因此电动化势不可挡。许多汽车厂商纷纷计划到2020年时，让电动汽车及插电式混合动力汽车的年度销售达到数百万台。汽车行业的新一轮霸权斗争随之拉开帷幕。

　　2020年，"移动革命"（或者说"出行革命"）这一词汇相比以往出镜率更高。但为何说理想的出行（移动和物流）正在发生革命呢？这是因为除了负责移动出行本身的机器在技术开发方面急速进步以外，与之相关的服务以及基础建设也在发生巨大变化。

　　接下来的内容将会把视线转向"CASE"，介绍这项技术革新的实质。同时沿着日本国土交通省《令和元年版交通政策白皮书》的脉络进行详细阐述。

互联：车辆互联，改变移动出行

随着5G等通信技术的发展，车辆本身电动化的进步以及各种能够与通信联动的技术不断发展，以往那些单台车辆很难避免的事故变得可以被预防，无比顺畅的行驶或会成为现实。在这个过程中，互联汽车，即拥有信息通信技术终端功能的汽车，其技术开发愈发活跃，普及范围进一步扩大。互联汽车能够通过传感器获取车辆状态以及周边道路情况等各种数据，再经由网络进行积累和分析。

具体来说，就像车和车、车和基础建设、车和人、车和网络这样，人与物与数据都被有机地结合，因此远程车辆操作、车辆管理、解锁、上锁、发动机启动成为可能。此外，还能基于车辆行驶信息去掌握交通情况。不仅如此，车辆之间的通信或可孕育出十分稳定的顺畅交通流。例如，交通拥堵的缓解以及迅速且准时的运输等给交通环境带来的改善，备受各界期待。（摘自《令和元年版交通政策白皮书》第Ⅱ部第2章第2节）

互联汽车不光会对用户产生积极影响，还会通过"互联"给周边的汽车及整体道路交通环境带来益处。

我们身边的一些地方已经开始利用一种名为探测交通信息的技术。它会把车辆在道路上行驶时产生的匿名化位置等数据汇集成整体化信息。已经在为汽车导航提供道路拥堵等信息的道路交通信息通信系统中心（VICS）自2020年起，以关东地区的1都6县为对象，利用民间的探测信息开始了道路交通信息服务的实证实验。启用民间信息后，对于道路交通信息的覆盖范围预计会提升30%~70%。未来，该中心计划将该技术的应用范围从首都圈扩大到日本全国。

要说怎样的东西才能体现出未来互联汽车的形象，那就不得不提2015年国际消费类电子产品展览会上闪亮登场的梅赛德斯-奔驰F015 Luxury in Motion。发布时，尽管已有其他汽车厂商提出过无方向盘汽车，然而面对这款奔驰车型时，大家在接受其形象的同时着实感受到了猛烈的感官冲击。

正如戴姆勒全球首席执行官蔡澈所阐述的那样："汽车所担负的责任将会从以往那种单纯的运输手段转变为移动式生活空间。"该款F015车型便拥有如同娱乐休息室般的宽敞室内空间，车内配备的6块屏幕不仅能够将显示器接收到的外界状况展示出来，还能够显示其他各种各样的信息。

车辆座椅是可活动式的,所以自动驾驶过程中前排人员可以调转方向与乘客面对面坐着。

未来,道路的用户会从"驾驶员"变成"汽车"。这款概念车将这些未来元素提前展现给了世人。

未来出行

事先预测世界的变化
而后由人工智能更新地图

伴随着互联汽车的普及，行驶过程中的汽车大多都会成为信息终端，受其影响，道路物联网化的进步会接踵而来。因此，各方可以使用高度先进的无线通信积累大量数据。既然如此，搭建起能够有效利用这些数据的框架势在必行，并让其在减少事故与缓解交通拥堵等方面以及实现任何人都可安全舒适地移动出行方面起到应有的作用。

现在我们三菱综合研究所正在推进的研究开发项目之一就是让大数据和人工智能联合起来，通过读取工程计划等各种信息，在世界发生变化之前为数字化地图的更新提供信息。当前，该研究所计划将先前和东京大学共同开发的知识产权作为基石，推进该技术的实用化。

数字化地图渐渐普及，各行各业的利用率开始上升，地图信息也在不断地变化，所以能够正确且实时更新的维护管理系统不可或缺。

如果是基于行驶车辆车载传感器收集到的探测信息去更新，那么不管怎样都只能等到现实世界先发生变化才行。但利用刚刚的方法，在现实尚未发生变化时就可以做出超高精度的"预测"。当然，在对预测和现实进行验证时，可以运用探测信息实施反馈，从而帮助整个系统提升信息精度。

基于"现在"对信息进行收集、解析和更新，今后的道路基础建设必然有希望得到始终准确无误的数据。在此背景下，与刚刚所述类似的动向在未来应当会越来越多。

自动驾驶：
快节奏前进的自动驾驶实用化

日本也有预示了未来动向的文书资料，《官民智能交通系统构想·路线图2018》便是其中之一。它希望在2020年前构建起"世界最安全的道路交通社会"，建成后，则进一步着手自动驾驶系统的开发、普及和数据平台的整备，并在2030年之前构建起"世界最安全顺畅的道路交通社会"，然后持续维持。与此同时，还会依次采取各种应对措施或活动，例如省厅的研究开发项目，即SIP（含义见下文）自动行驶系统（内阁府）的研究开发活动、为了商讨自动驾驶的未来面貌而举办的自动行驶商务研讨会（经济产业省、国土交通省）以及各省厅联合起来的制度层面的课题商讨活动等。（第Ⅱ部第2章第2节）

所谓SIP，是指"战略性创新创造项目"，是日本从国家层面促进创新创造的标识。自动驾驶不仅是不可或缺的社会组成部分，还影响着日本的经济发展和产业竞争力的提升。

为了实现自动驾驶，不光制定必要的规则等很重要，自动驾驶技术的开发和普及也十分重要，正因如此，相关活动在被有序地推进。详细来说，例如道路交通法的部分修正法律法案，就是为了应对汽车自动驾驶技术的实用化，完善了对驾驶员等的义务规定。此外，《道路运输车辆法部分修正法案》不仅策划着自动驾驶汽车的安全开发、实用化和普及，还建立起了一体化保障制度，将设计、制造过程，乃至使用过程中与自动驾驶车辆的安全性相关的内容完整包含在内。这些内容已于2019年3月通过了内阁会议的决议，同年5月正式生效。此外，其也对自动驾驶过程中发生事故时的民事责任进行了明确。原则上，确立了让车辆所有者即运行供用者承担赔偿责任的方针。为了尽快实现自动驾驶，便以此为基础，在2018年9月制定了《自动驾驶汽车安全技术指导方针》，明确了等级3和等级4的自动驾驶汽车应当满足什么样的安全性条件。除此以外，为了实现自动驾驶，各地陆续开展各种实证实验，例如卡车列队行驶以及将道路站点作为自动驾驶服务的基地等。

而且，实现自动驾驶后，以MaaS为首的全新移动出行服务会和其他方面形成叠加效果，这会让移动出行的便利性及效率出现质的飞跃。同时，在受因于交通骨干力量不足的地方，这些移动出行服务会成为老年人等能

够有效使用的移动出行方式。(第Ⅱ部第2章第2节)

以往的道路交通社会是有负面影响(对环境造成影响、拥堵和事故等)的,对此自动驾驶或可提出解决方案。而面对高频率和高效化的个人移动出行需求(人和物)时,自动驾驶或许也能提供一些方法。

世界各国目前都将自动驾驶作为重要方针推进,国与国之间的全球性竞争因此愈演愈烈。而日本则采用官民一体的方式,协调各方,开发必要的技术,开展制度设计等活动。目前,日本在自动驾驶方面已经是世界领先国家之一。

自动驾驶的规划图和现状

《官民智能交通系统构想·路线图2019》将今后应当实现的自动驾驶分为了3个部分。详细内容如下。

① 私家车领域自动驾驶系统的进一步高度化（私家车）。
② 提供具有革新精神且高效的物流服务，应对驾驶员不足问题（物流服务）。
③ 提供适用于地方和老年人等的无人自动驾驶移动出行服务（移动出行服务）。

归纳起来的话，私家车方面的目标是提升产业竞争力，减少交通事故，缓解交通拥堵。物流服务方面的目标是物流的革新化与高效化，并在人口减少时采取必要对策。移动出行服务方面的目标是构建起老年人等也能在日本全国各地区自由移动出行的社会。

在此基础上，该路线图采用国际自动机工程师学会共通基准J30163（2016年9月）及日语参考翻译版JASOTP 180044（2018年2月）当中的内容对自动驾驶的等级进行了定义，即等级0~5。

  此外，该路线图为此前设定的自动驾驶分类整理了到2030年为止的目标。同时，描绘出了目标实现之前的路线。在此基础上，按年度规定了各个分类所要实现的自动驾驶等级目标。

自动驾驶等级定义概要

具体来说（见表1-1）：

① 关于私家车，2020年前需达到等级2，2020年时达到等级3，2025年则实现高速公路上的完全自动驾驶（等级4）。

② 关于物流服务，2021年前实现后车有人驾驶状态下的高速公路卡车列队行驶（等级2以上），2025年后达到高速公路上的卡车完全自动驾驶（等级4）。

③ 关于移动出行服务，2020年前在限定地区提供无人驾驶的移动出行服务（等级4），等到2022年后再实现高速公路的公共汽车自动驾驶（等级2以上）。

在将理想变为现实的过程中，道路交通法以及道路车辆运输法等相关法规的修正尤为重要。正因为修正版道路交通法于2019年5月生效，公路上等级3的自动驾驶才能得以解禁，日本才能以此领先于世界。

表1-1 自动驾驶等级

等级	概要	操纵*的主体
驾驶员实施部分或全部的动态驾驶任务		
等级0（无驾驶自动化）	• 驾驶员实施所有动态驾驶任务	驾驶员
等级1（驾驶支援）	• 系统在限定区域内实施纵向横向其中任一方向的车辆运动控制子任务	驾驶员
等级2（部分驾驶自动化）	• 系统在限定区域内实施纵向横向两者的车辆运动控制子任务	驾驶员
自动驾驶系统（工作时）实施所有动态驾驶任务		
等级3（有条件的自动化）	• 系统在限定区域内实施所有动态驾驶任务 • 当工作难以继续时，需要对系统的介入要求给予适当应答	系统（难以继续工作时，转为驾驶员）
等级4（高度自动化）	• 系统在限定领域内实施所有动态驾驶任务以及难以继续工作时给予应答	系统
等级5（完全自动化）	• 系统实施所有动态驾驶任务以及难以继续工作时给予应答，无任何限制（也就是说并不用在限定领域内也可实施）	系统

*进行认知、预测、判断，以及操作的行为。

现在市场中已经出现了一些能够支持等级3的自动驾驶车辆。例如2018年上市的奥迪A8，尽管号称"世界首款支持等级3的车型"，但不用说日本，就算在其母国德国，当时也因为有法律限制等壁垒的存在，所以它们在公路上根本没有用武之地。

如果日本在此次法规修正的基础上，再进一步对安全基准的规定进行完善，那么等级3的自动驾驶汽车就能够在普通公路上行驶。眼下，自动驾驶确实是能够实现的，不过需要加上"低速行驶时的汽车专用道路"等限定条件。不远的将来，若自动驾驶的运行可以满足一定的距离和时间，那么移动出行时间的利用方法必定会发生巨大变革。

物流服务方面也有类似动向，例如在新东名高速公路的部分区间内开展的卡车列队行驶实验（有人驾驶的先头车辆和后续数台自动驾驶卡车构成车队在道路上行驶）。

随着自动驾驶的普及，人和物的移动方式必定会发生巨大改变。

未来出行

支撑着自动驾驶的动态地图

　　动态地图是支撑移动出行革命的信息基础建设之一，对于会在出行革命之后造访我们的智慧城市（第5章）也是如此。

　　动态地图的概念非常广泛，定义也十分明确，但毋庸置疑的是，它是拥有一定精度、新鲜度和网罗性的下一代数字化地图，而且能够向人们展示动态信息，日本则先于世界各地区首次提出了这一概念。

　　在自动驾驶的世界中，动态地图是指数字化地图加动态信息，开发它的主要目的是给自动驾驶汽车提供参考信息。其实就是在高精度静态3D地图上，整合与拥堵及交通管制等相关的各种动态信息的技术。想要推进自动驾驶不断普及，动态地图的力量不可或缺。

　　当前，日本正在以2016年设立的动态地图平台（DMP，Dynamic Map Platform）为中心，着手完善并推动动态地图走向实用化。

动态地图平台是由6家地图及系统相关企业联合10家汽车厂商等共同出资创设的。这些出资方有的在行业竞争力畅谈会（COCN）之下开展着与数字化地图平台相关的活动。有的则作为核心企业加入了"动态地图构建商讨联盟"中，该联盟在之前所提到的战略性创新创造项目下，积极商讨适用于自动驾驶系统的数字化地图的规格。

该平台的目标是以民间为主导，孕育出以高速公路全线为首的动态地图基础部分，同时率领相关民间企业和谐共建全日本级别的社会基础建设。由此可见该平台意义重大。

动态地图平台已于2019年3月前完善了高速公路和汽车专用道路全线的高精度3D地图数据。并且通过地图公司提供有偿服务。此外，为了将版图扩张到一般道路以及海外地区，动态地图平台正有条不紊地开展着许多活动，例如数据的试制以及收购美国企业等。

成为支撑智能化社会的产业基础

高精度3D地图是动态地图的基础，正如字面意思那样，指拥有极高数据精度的3D地图。

它与我们现在使用的普通地图相比有诸多不同。除了立体地描绘出道路和建筑物的外观形状外，像道路宽度、白线位置、行车道和人行道的界限、坡道的陡缓、弯道的形状、障碍物的位置和尺寸、信号灯、路灯及道路交通标识等几乎所有用于驾驶判断的材料信息都能以数值形式被纳入到地图中。

如果是人类驾驶车辆，仅凭视觉和听觉便能够获得很多信息，再结合过往驾驶经验，即可妥善判断并做出何时打方向以及何时踩刹车之类的操作。然而，对于自动驾驶车辆这种机器来说，由于车载传感器的感知范围有限，如果想要做出如同人类般的恰当判断，刚刚提到的各种信息必不可少。

为了获得地图所需的基础信息，目前使用的是3D测量专用车"MMS移动测量系统"（Mobile Mapping System）。MMS不仅配有可以360度无死角拍摄的多个摄像头，还搭载能够正确测量路面及建筑物的激光扫描设备。不仅如此，在道路上行驶时会获得大量图像，将图像3D模型化的点云数据也可以帮助它获取信息。将这些信息进行整合并修正误差后，最终打造出来的便是高精度地图。

动态数据主要分为3大层级。

① 交通管制计划、道路施工计划、广范围地区气象预报等计划与预报信息之类的"准静态信息"。
② 事故及拥堵等大致以分钟为时间单位发生变化的"准静态信息"。
③ 信号灯及行人动向之类实时变化的"动态信息"。

无论哪一层级，都会用到既有传感器以及车辆行驶中车载传感器收集到的探测信息。

放眼世界，各国大型地图公司都在着手构建与动态地图类似的高精度地图，如德国的HERE和荷兰的TomTom。此外，一些汽车厂商对数字化地图的制作也颇感兴趣，例如丰田汽车公司的子公司丰田研究院高级研发公司打造的自动地图生成平台（AMP）。如果那些信息能和这些令人目不暇接的举措互相匹配，那么今后它在国际范围内会如何发展下去呢？这方面未来的走向实在是让人期待。

在日本，针对动态地图的多目的利用，例如用于基础建设的维持管理等的一系列构想正在被有序地推动着。

今后，如果动态地图能够涵盖更广地域，信息精度更高，那么使用范围一定会更加丰富。例如，融入人行道、路面高地差和店铺等信息之后，不光能让面向行人及轮椅用户的个性化导航系统被正式启用，而且还可以满足灾害地图的制作以及灾害时的避难路线引导等防灾类行政活动的使用需求。

此外，随着动态地图的运用，积累下来的庞大探测信息对更加优良的交通系统设计及城镇建设也有着巨大作用。其作为支撑智能化社会的全新产业基础，应当诱导出各种价值创造。

除了动态地图的推进，"同时定位与地图构建"（SLAM，Simultaneous Localization and Mapping）技术的研究开发也逐步兴起。在该技术中，街道上驰骋的自动驾驶车辆可以基于车载摄像头及激光传感器搜集到的信息，同步完成车辆自身位置的推测和地图的制作。为了实现它，必须拥有可实时处理大量数据的高性能中央处理器。

例如之后会阐述到的量子计算机等，未来若能实现低成本供给，再伴随着性能强劲的中央处理器的应用，那么自动驾驶车辆无论在哪里都可以依赖着高精度的地图飞驰在街道上。相信这种日子很快会来到。

未来出行

期望量子计算机能被有效利用

对于摄像头及雷达捕捉到的地形、障碍物和交通信息等大量情报，需要在瞬间完成解析，做出适当的判断，输出成驾驶操作。若将驾驶完全交给机器，那么能够让它和人类并驾齐驱，或者说能够让它以超越人类的程度去准确判断并执行的人工智能是必不可少的。

构建人工智能认知模型时，现在常用的方法是神经网络的深度学习，为了提升精度，需要让它不断读取大量数据。话虽如此，大量读取这些大数据后，处理能力迟早会达到极限。为了突破限制，同时也为了实现建成高等级自动驾驶社会的目标，量子计算机的发展必不可少。

虽然量子计算机拥有令人震惊的计算能力，但在这里就不做详细说明了。面对过去那些计算机领域的棘手问题（例如从大量可能性当中找出正解的密码解析等）时，惊人的计算能力便是坚强后盾。量子计算机潜力十足，其至能瞬间解决以往的计算机花费数年才可能完成的计算任务。真正的大数据时代，一定能在任何场所利用信息通信技术，作为面向这一时代的下一代计算机，之前谈到的内容都是它成为各方焦点的理由。当然，自动驾驶等交通相关行业也并不例外。

在交通领域，德国大众最先运用量子计算机解决问题。2017年，大众和加拿大量子计算公司（D-Wave）联手，在中国相关政府部门和当事车辆所有者的许可下，对中国北京的1万辆出租车的位置数据进行了分析，尝试减轻交通拥堵。

同年，日本企业也有所行动。电装和丰田通商联手，同样运用量子计算公司的系统，对泰国曼谷街头的13万辆出租车及卡车的车载设备收集到的位置信息进行了分析，开展了交通最优化的实证实验。据说，各方的各种尝试都取得了不俗的成果，都能够在短时间内建立起通往目的地的最短且最合适的路线。

尽管目前量子计算机的算法开发停滞不前，运用领域也受到限制，但将其算法运用到人工智能自动驾驶等领域后，不得不说这也是一件值得期待的事。

未来出行

急速普及之中的共享化

物联网以及人工智能等技术变革正在迅猛加速，在此背景下，使用人工智能让配车更加高效的按需交通等运输服务开始出现，出租车配车应用日益普及，各方如火如荼地探讨着这些全新的服务。不仅如此，人们的意识开始"从拥有向使用转变"，许多全新动向由此出现。在这个过程中共享汽车以及共享自行车等共享服务也普及开来，逐渐成为民众喜闻乐见的高效便利的移动出行方式。当社会发展到能够实现自动驾驶后，这些新型运输服务的便利性及效率性等会更加卓越，从而给社会造成更大冲击。尤其是对交通骨干力量不足的地方来说，其有望成为老年人等的有效移动出行方式。（第Ⅱ部第2章第1节）

沿着以上内容的思路能够联想到的案例如下。

○共享汽车及共享自行车的日益普及

共享汽车及共享自行车在日本也处于急速普及和扩张之中。众多会员可在不同时间段使用同一辆汽车或自行车。（第Ⅱ部第2章第1节）

正如本章开头所述，共享汽车的版图日益扩大。既有像戴姆勒这种由汽车厂商自主推动的"即行"（Car2go），又有汽车厂商和停车场企业的合作案例，例如丰田汽车和停车场企业Times共同推广过的Park24的服务。

利用行政机关管理的占道停车带提供服务在一些海外国家十分常见。一般借车和还车场所可以独立存在，停车场所也没有太多限制，只要是指定区域内的路边停车带即可。这种单程型自由浮动式共享汽车服务日益普及，伴随着智能手机应用的深入运用，它还成为构成MaaS的交通方式之一，世界各国陆续引进。与此相对，在日本使用车辆时要在道路以外确保一块停车场所，所以借还场地一体的往返式共享方式占据主流，单程式仅是实证实验的一项内容而已。

另外，在日本共享自行车以东京、横滨、仙台及广岛等大都市为中心渐渐向其他地方普及。其形式较为多元化，有的是行政机关和民间企业携手合作，有的则是民间企业自己进行的事业。与共享汽车不同，多数共享自行车采用的是单程式系统，使用这些系统时借出场所和归还场所可以在不同位置。共享自行车在中国及欧美的城市地区也处在普及阶段。因为对自行车停放的限制不太相同，一些城市没有具体规定停放场所，所以人们能够在城市内随处借还车。这种被称为无桩式的服务也在急速扩张。（第Ⅱ部第2章第1节）

共享汽车服务与日本《道路运输法》《道路运输车辆法》《车库法》等法律联系紧密。法律规定汽车租赁服务首先需要设立有人值守的营业场所，其次还要明确车辆使用方的所在位置。因此，如何利用以往的无人停车场开展租赁业务是不得不去克服的一大难题。好在2014年时国土交通省发布了批准通告，才让共享汽车服务有了实现的可能。在这之后，Park24联手丰田汽车，梅赛德斯-奔驰日本联手欧力士汽车和安满能株式会社，横滨市联手日产汽车，等等。它们开展的单程式共享汽车服务的实证实验陆续亮相。此外，还不乏一些其他尝试，例如广岛机场及关西国际机场等利用已有的汽车租赁体系，在实证实验结束之后持续提供单程式共享汽车服务。

日本《车库法》规定必须在自身所在网点2千米内保有停车场。因此，若要达到单程服务的条件，需要保证有多个停车场所，同时还会因此产生车辆回送成本等费用。从商业角度看，这些都会成为阻碍共享汽车普及的瓶颈。在海外，自由取还的方式为共享汽车服务的普及提供了巨大帮助,然而对于停车场规定十分严格的日本来说,这个问题实在是错综复杂。

今后,随着自动驾驶及智慧城市等的发展,共享服务会更加便利,而这也可能促使该项服务的使用范围变得更为广阔。

另外,在海外已实施的案例中,共享服务其实也暴露出了一些问题。例如无桩型共享自行车以及滑板车服务就导致了无序停车的增加、道路空间被占据以及车辆无端损坏等问题。所以,引进全新的移动出行方案之后,一定要对这些负面效果多加留意。

○运用人工智能的"按需"公交车和出租车运营

"按需交通"能让用户在前往目的地的过程中体会门到门的感觉,价格则相对低廉。如果是以往那种人为的配车指示,在预测叫车趋势时很容易被经验左右,因此自动化需求较高。此外,城市地区的出租车载客率常年低于50%以下,然而驾驶员仍然依照过往经验"串街揽客",在大街小巷"随意"寻找乘客。正因如此,目前这种环境才更加迫切地希望服务更高效,载客率更高。

所以,无论是按需交通,还是串街揽客的出租车运营都在设法利用人工智能分析需求,预测需求,以此实现高效行驶。换句话说,就是将许多数据交由人工智能去解析,其中不仅包含了以过往乘车履历及手机位置信息为基础的大量实际移动出行数据,还含有气象及设施等数据。如此一来，其便能按区域地对用户何时现身于何处进行预测，除了可以促进"按需交通"的优化，还能够根据具体的时间展示乘客最可能出现的场所，这些必定会反哺营业效率，让其获得提升。最近，不光是交通企业，汽车厂商、IT企业和商社等其他行业也对如何有效利用实装后的自动驾驶表现出了浓厚兴趣，因此也都参与到了相关的推进活动中，在各地组织着实证实验。（第Ⅱ部第2章第1节）

为了更好地应对较大的移动出行量，事先将路线和日程规定好，即采用公交和铁路等交通工具的方式确实是非常高效的。但当移动出行需求相对较少时，采用能够灵活应对的"按需"方式显然更加高效且效果更佳。这种认识已不新鲜了。

近些年，随着人工智能的利用，该领域出现了许多全新服务进一步具体化的案例。例如都科摩公司上线的名为"人工智能出租车"（AI TAXI）的服务，它能有效运用人工智能技术，按各区域情况预测在不远的将来的出租车需求。该服务的推进会让出租车运营更高效，让驾驶员经营效率更高，让顾客等待时间更短，从而进一步提升顾客的满意度等。

使用人工智能让服务更周到，不仅能让城市地区的服务更加优质，对于保障地方上的生活出行亦十分有益。

○出租车配车应用的普及和全新服务的商讨

日本出租车联合会的调查结果显示,从日本全国级别的出租车配车服务到特定地区的特殊化配车服务共计约有100种(截至2017年底)。其中除了一些与海外配车服务企业联合打造的服务外,还有一些是能让访日外国游客使用本国配车应用顺利体验到日本出租车的服务。(第Ⅱ部第2章第1节)

近年来,利用配车应用的全新服务陆续登场。2017年,搭乘出租车前便能确定运费的"事先确定运费"项目在东京都持续开展了2个月的实证实验。2018年,能让多名乘客使用同一车辆的"出租车拼车"的实证实验也在东京都持续了2个月的时间。(第Ⅱ部第2章第1节)

从2018年10月起又有一些项目的实证实验闪亮登场,例如根据过往的实际运输状况等首先判断各时间段的出租车需求,并以此定下阶梯式变动价格的"变动式迎接费用"。此外,还有能在使用区域及利用次数等一定条件下,实现定时定额随意乘的"定额出租车费"项目。(第Ⅱ部第2章第1节)

在海外,优步(Uber)及Lift等配车应用的人气出现爆发式增长。即便身处语言不通的异国他乡,你依旧可以通过已然了如指掌的智能手机在地图中输入目的地,甚至还能无现金结算。试问谁不想体验这种简单且便利的配车应用呢?

在日本，出租车服务已经遍及全国各个角落，在此基础上，配车应用被陆续引进，这也是提升服务质量的重要一环。在预约、目的地的传达和结算等各方面，配车应用都会给用户、驾驶员和出租车公司带去许多便利。今后，劳动人口的减少将成为不可阻挡的趋势，为了提升服务质量及效率，配车应用的进一步普及毋庸置疑。

回看MaaS的发展历程，能够多模态地选择路线的应用也在陆续登场。今后，配车应用可能会和这些MaaS应用有机结合起来，在CASE和MaaS联合带来的移动出行革命中，配车应用或许会成为尖端领域之一。

电动化:
世界第一的电动汽车大国

混合动力汽车(HV)的销量与日俱增,这让日本在一定程度上跻身为世界范围内汽车电动化较为发达的国家之一。

日本汽车销售协会联合会曾在2018年时按燃料种类调查了新车销售数量。其中,包含纯电动汽车及燃料电池汽车(FCEV)在内的电动汽车(xEV)的销量达1 151 051台,相比上一年增加0.3%,连续3年创造历史新高。纵观登录在册的乘用车整体销量,电动车也占到39.9%,占比近四成。

能够取得这样的成果,首先离不开汽车厂商开发以及销售的可以兼顾优秀环保性能和顾客需求的车型。其次,迅猛发展的电动汽车制度环境以及基础建设配套设施也是重要的推动因素。

在下一代汽车方面,电动汽车的价格确实要比汽油车略高一些。另一方面，为了提升充电及燃料补充的便利性，还需要花费资金整备基础建设。因此，政府和地方公共团体在引进相关车辆时，会开展价格补贴等活动。

近来，公共交通机构对于电动汽车的引进案例屡见不鲜。例如，持续引进电动公交，或作为市内公交，或作为巴士接送旅客，为到港的大型邮轮提供服务。像京都市和冲绳县的邮轮港等就在积极地引进电动。

另外，还有一种以氢作为燃料的燃料电池公共汽车。2017年进入市场后，先是东京都交通局将其投入公交运营。之后，自2019年3月开始，京急公交（东京）也着手引进并用于公交线路的运营，将日本旅客铁道公司大井町站和台场地区连成了一体。此外，东京都营交通机构也接连引进了多台车辆，同样用于公交领域，连接了位于市中心的东京站、银座站和临海地区。

不仅如此，面向普通客户的电动卡车也步入量产阶段。（第Ⅱ部第2章第3节）

为了给氢燃料电池车辆补充燃料，必须建设氢燃料站，然而其成本却是普通加油站的4倍，因此如果要增加这种车辆的数量可谓困难重重。所以，从行驶路线始终固定的大型车辆率先引进显得更为高效。因此，日本经济产业省设定的电动汽车（纯电动汽车和燃料电池汽车）的普及方针也就自然而然地包括大型车、氢燃料汽车、小型电动车和电动汽车。今后，这应该会成为电动汽车进一步普及的方向。

相对的，普通电动汽车的零部件数量要比汽油车少三至四成左右。尤其是与内燃机构和传动系统相关的零件对于电动汽车来说犹如累赘，另外零件还可以做得更小、数量更少，所以即便是中国等汽车行业的新兴国家也可高效生产电动汽车。

日本汽车厂商拥有的人才和设备装置都是专门处理内燃机结构的，与新兴国家的企业相比很难迅速转向。

若要让电动汽车在今后持续普及下去，开发与蓄电池性能提升、充电高效化和电池容量提升等相关的技术十分重要。在日本，有项名为"领跑者"（Top Runner）制度的计划承担着促进车辆油耗标准提升的角色。2020年起，电动汽车成了它的新对象。这类制度层面的变革接连不断地出现，不难想象，电动汽车的普及速度将会进一步加快。

无线充电的实用化

无线充电的实用化是电动化的关键。

智能手机的话，只要放在充电板上即可充电，而电动牙刷也是直接插到底座上即可。近些年来，无线充电技术出现在我们身边的次数愈来愈多，即便没有用电缆将电源和设备连接起来，我们也可以畅享充电功能。

那么这种无线供电技术是否适用于电动汽车领域呢？实在是令人期待。安装在停车场等场所的固定式充电设备已经开始广泛被人们使用。因此，另外一种充电系统的构建越来越受各方关注，即利用埋在道路之下的充电装置，就算车辆处于行驶状态也能充电。若真能实现，人们不仅能从劳心劳力的充电作业中解放出来，而且长距离行驶也可成为现实，根本不用去担心电池电量会被耗尽，此外，车载蓄电池的轻量化也能被提上日程。有了无线充电技术的帮助，这些电动汽车自身原本的劣势大多都能够被消除。不仅如此，无线充电技术和将来正式普及的自动驾驶技术之间也可以实现良好的兼容。现在智能手机的无线充电方式已有国际标准，目前在向更广范围普及。当充电侧和被充电侧的线圈靠近后，充电侧会有电流经过产生磁场，之后该磁场会作为媒介，为充电侧提供电力。

在电动汽车使用的充电系统中除了刚刚提到的方式外，各方还对其他许多充电方式进行着探讨。例如，有种方式就是让充电口和被充电口的线圈保持相同频率，产生共振，之后再转化为电力。相比之下，我们从其原理上就可以明白，这种充电系统蕴藏的好处，那就是充电时可以相距一定距离，不用像智能手机那样非得亲密接触。

停车充电方式在之前很长一段时间内都是美国高通和美国无线电力这两大势力争夺的对象。但是，2019年2月两家公司就该事业的整合达成了共识。因此，至少在停车充电方面，实质性的统一标准已经被确定。需求已经产生，向产品化迈进便是未来努力的方向。

为了让行驶充电实用化，除了需要开发充电技术，道路管理者和电气企业等主体之间是否可以加强联合，是否能够在运用层面和事业层面展开商讨也十分重要。当然，若要让那些成果变身基础建设广泛普及开来，技术的国际标准化乃是必由之路。在日本，日本汽车研究所（JARI）作为重要机构推进着标准化事业的发展，其动向值得关注。

CASE的效果会惠及社会全体

如果仅仅依靠单个厂商的研究开发，那么CASE的普及简直就是天方夜谭。即便是自动驾驶这个领域，其基础内容的范围也十分广泛。例如，实施统筹前，需要以地图信息、交通拥堵信息和信号灯信息等各种数据作为支撑。不仅如此，提升人工智能及物联网等信息系统的处理能力也至关重要。此外，为了加速电动汽车普及，提升电池技术以及增加充电站数量同样很重要。为此，不光是业界内部，用户的意识变革、教育领域的配合和行政机关对法规的完善等社会相关方的努力都不可或缺。

尽管在提升相关技术的道路上布满荆棘，但在背后推动着它发展的，绝不仅仅是消费者对于便利性的追求。当今社会各个地区或多或少存在着一些问题，像城市地区存在人口过密和交通拥堵等问题，而地方上随着人口的减少，公共交通网络的维持愈发艰难，老龄化的不断加速使得安全性的保障等问题渐渐显现，此外还有环保措施之类的问题存在。CASE是否会成为解决这些问题的突破口呢？

其实最重要的还是CASE带来的经济效益。如下一章之后的内容所阐释的那样，那些曾经与移动出行毫无关系的行业也可能蕴含着日益凸显的巨大商机。

以各种需求和期望为基础，当前移动出行领域的竞争日渐白热化，相关技术日新月异。所以将来服务内容也必定会更加个性化、多样化。

未来出行

持续扩大的商机

接下来让我们把眼光转向海外,将CASE纳入视野范围的新城镇的建设犹如雨后春笋般在世界各地不断涌现出来。在中国,阿里巴巴就设想通过人工智能管控城市运行,先前已经在杭州着手推进"城市大脑项目"（City Brain Project）,以大量的数据为基础,解决街道的拥堵问题。

至于无线充电,韩国、英国、西班牙、意大利和法国等国家都在筹划如何在实际道路上开展无线充电的实证实验。其中,英国政府还发表计划,表示将在主干道建设可以支持无线充电的电动汽车专用车道。

此外,包括2019年2月1日生效的日欧经济合作协定（EPA, Ethernet for Plant Automation）在内的各种经济合作协定带来的影响也不容小觑,例如与汽车及铁路等移动出行领域相关的壁垒和与出口相关的壁垒都将日益减少。

如果这些方面发展缓慢，那么或会导致整个国家的衰退。不仅如此，与移动出行相关的商务事业是不可能被单独孕育的。基础建设起着支撑作用，所以基础建设之间是否能够联手共进以谋求发展愈发重要。

而且，为了让全新移动出行服务变为现实，行政机关推行的制度改革以及全新规则的制定也是必要条件之一。不论是完善必要基础建设，还是维持管理都需要一定的成本。那么这到底是公费承担还是由获益者承担呢？对于诸如此类的问题必须构建起一定的框架予以明确。除此以外，为了应对自动驾驶、无人机和物流自动化等浪潮，法律规定的整备事项、标准化和规格化等都是紧急要务。

正如前面阐述的那样，必须要坚持由行政机关主导基础建设的整备事业这样的思路，当然不单如此，由民间和用户主导的有促进与推动作用的活动也同样重要。

为了让移动出行革命中的CASE真正普及，各方在一些平常无法映入我们眼帘的领域必须展开合作。例如，现行的各种标准以及规定基本都是按照交通模式分类整理的，那么今后就需要整合这些标准和规定。对于在移动出行目的地开展的各种活动，如幼儿园、保育园[①]和养老院的接送服务等，也需要被纳入进来进行一体化的

---

① 保育园：日本的儿童学前保育机构，属儿童福利机构，归日本厚生劳动省管辖。——译者注

考量。听起来确实特别接地气，但这些方面的整备情况也许会成为决定MaaS和移动出行革命是否会昙花一现的关键要素。

今后的主角绝不仅仅是那些既有的移动出行企业，纵观历史进程，凡是在迎来巨大变革的时期，相关研究思路、风险投资构想和技术推进这三方势力都会重复上演"三国演义"。尤其是在近年来的很多案例中，研究和实用化逐渐融为一体。即便没有大量的资本作为后盾，现有的游戏规则也有可能瞬间被颠覆。

各种商机正以移动出行为中心不断扩大。

第2章

MaaS所引导的下一代铁路商业模式

未来出行

铁路引领着MaaS的发展

在推进MaaS的过程中,当今世界的主要选手们大致顺应着两大潮流。一个是以汽车为起点,另一个是以公共交通为起点。

前者,以汽车为起点,就像第1章阐述的那样有两层含义,一层是自己购买或拥有车辆,另一层是将车辆用于共享汽车等服务中。

后者,以公共交通为起点,若从用户角度出发,就是以"整合化移动出行服务"的方式使用以往那些分散在各处的交通工具。也就是说一并整合铁路、公交、出租车、拼车和共享汽车等各类移动出行选项,再借助智能手机,便可实现移动路线检索、移动出行方式预约、购票和结算等一站式操作。

序章中提到的芬兰的"Whim",本章会提到的东日本旅客铁道公司的"Ringo Pass",小田急电铁的"EMot"都属于这一范畴。

无论是以汽车还是以公共交通为起点，起到基础性作用的东西都是共通的，那就是在智能手机的普及等基础上逐渐完善的可完成一站式路线检索、用户位置信息确认（出发地及目的地）、预约和结算的系统环境。

铁路企业原本就在沿线提供着各种服务，不仅有铁路以外的移动出行服务（公交及出租车等），还有观光、住宿及生活等服务。由此可见，铁路企业与MaaS之间就有着极佳的兼容性。而在MaaS的实施过程中，公司自身除了要提供各种服务外，还要通过数据方面的合作，努力提供无缝衔接式的服务以及提高运用效率。这些措施对于铁路沿线的价值提升以及商机的增加来说举足轻重。

也就是说，以铁路企业为主体的各种服务当中就包含构成MaaS所需的要素，所以其自然也就拥有潜力去引领MaaS的发展。因此，在向全社会实施MaaS的过程中，与其他的一些主体展开合作，解决问题，开展各种活动的铁路企业的动向值得持续关注。

大型私营铁路商业模式的转换期

当前，超老龄化、少子化①和人口减少的问题日益加剧。16家大型私营铁路企业的运输乘客数自东日本大地震的第2年（即2012年）起逐渐增加。2016年度的人数更是遥遥领先于泡沫经济时期，创造历史新高，之后的2017年、2018年度持续增加。

尽管15~64岁的生产年龄人口呈下降态势，但是女性及65岁以上的年长人士开始更多地参与劳动，因此乘客数量增加了一部分。当然，还有其他一些原因，例如，完全失业率持续维持在较低水平（2019年11月的数据为2.2%）下的劳动人口增加、迁入东京城市圈的人数持续超过迁出人数，急剧增加的入境人员（外国人访日旅游）等。

虽然近些年的乘客数节节攀升，但这并不意味着将

---

① 少子化：指生育率下降，造成幼年人口逐渐减少的现象。——译者注

来就可以高枕无忧。今后，女性和年长劳动力确实还会增加，但人们很难再像过往那样每天经历从郊外到市中心的长途通勤。对此政府正在推进"工作方法改革"，其中一环就是推进"工作场所"的多样化，例如远程办公、居家办公和郊外共享办公室等。随着发展程度日渐深入，工作与铁路出行开始脱钩，即"职场邻近住处"的倾向会越来越明显。

与此同时，经济高速增长的时期后，郊外的一些新城镇住宅区逐渐老化，移动出行、消费和迁居等事关铁路企业收益的活动越来越少。

伴随着电子商务（EC，Electronic Commerce）的推进，共享经济迎来进一步发展的机会。受此影响，铁路沿线居民前往市中心大型零售商店购物的行为恐怕不会增加。如果商业模式还未发生转变，那么谋取利润或许还可以依靠定期从郊外前往市中心上班的乘客，抑或者依靠郊外住宅区的不动产/商业区域以及市中心的商业设施等。但随着时代洪流滚滚向前，商业模式的转变期势必会到来。

面对社会环境的变化和商业模式面临的危机，大型私营铁路企业并没有坐以待毙，而是在很多方面筹划着应对措施。例如重新开发城市及郊区，利用生活服务等提升沿线价值。

未来出行

成为提供丰富体验的场所

运用到铁路的移动出行几乎都是"派生性需求"。也就是说人们选择铁路出行总是附带着其他各种目的,例如通勤、上下学、购物、娱乐和观光等。住宅、办公室、学校、商业设施和观光设施等沿线的不动产质量及体量会给当地的铁路需求造成很大的影响。

改变不动产用途,提升不动产质量,努力利用不动产创造收益,增加通勤以外的沿线居民的移动出行和交流机会,保障铁路的基本用户群,都是最近铁路企业常用的战略。

例如,与大型私营铁路密切相关的市中心终点站,其周边地区的开发一直以来都离不开办公室及商业设施,但总有一天必须要跳出这种传统。当下,与电视会议及电子商务等相关的信息通信技术在持续发展,然而生活中有些事物只有集聚了多元人才和企业的市中心才能够孕育,某些内容在市中心以外的地区是无法体验到的。

所以面对这样的时代发展趋势，私营铁路正在想方设法地全力打造站点周边地区，让它们成为可提供多样体验的场所。此外，各家铁路企业还和风险投资企业合作，这对铁路沿线的开发来说也是重要一环。

以上这些近年来铁路企业在不动产领域的动向，与MaaS之间也有着较高的兼容性。运用MaaS不仅可以将目的地和移动出行无缝衔接，而且，今后它必定会和其他领域的某些措施结合，发挥出协同效应。

此外，铁路企业的运营由于受到生产年龄人口的减少等行业环境变化的影响，今后很难再维持现有的运营体制，当然，和以往一样，要把安全保障作为前提，但生产能力的进一步提升，业务效率的高效化也同样刻不容缓。

从这样的视角来看，MaaS是能发挥良好作用的。

日本对MaaS的尝试

当前各方对于"MaaS"的定义各不相同。日本国土交通省《交通政策白皮书》等文件是这样定义它的:"MaaS是能基于出发地和目的地为用户提示最佳路线,可一次性提供多种交通方式及其他服务的一种服务。"而《出行即服务的拓扑方法》(2017年)中按照服务的整合级别将MaaS从等级0到等级4分为5个等级,每一等级都被明确定义。

⊙ 等级0:无整合,提供单个独立的服务。

⊙ 等级1:信息的整合,多种交通模式的检索及费用信息被整合。

⊙ 等级2:预约和支付的整合,单程检索、预约和结算被整合。

⊙ 等级3:所提供服务的整合,包装化、定额制度及行业内的合作等。

⊙ 等级4：社会整体目标的整合，企业治理、官民合作和城镇建设等（对政策的反映）。

该论文将芬兰赫尔辛基的Whim应用定义为等级3。相比之下日本的MaaS却才刚刚进入到等级3的实证实验阶段。今后，日本在探讨MaaS的利用方式和推进方法时，需要时刻关注欧美的动向。不过，在MaaS这一单词诞生前，日本的公共交通实际上已经是独立核算的，在这略显独特的文化当中有着很多先进举措，不乏一些处于等级1～等级3的内容，详细情况待第4章再为各位介绍。

未来出行

地区类型视角下的MaaS

纵观日本MaaS的建立和发展过程,大都市和地方上是存在差异的。国土交通省也意识到了这一点,所以在《都市和地方的全新移动出行服务畅谈会中途整理》(2019年3月14日)中将地区类型分为了五大类,分别是"大都市型""大都市近郊型""地方都市型""地方郊外、人口过疏地区型"以及"观光地区型"。

具体来说,因为都市圈和地方圈在地区特性上差异较大,所以又分别被细分为中心地区和郊外地区。如果从观光等其他视角去观察某些地区,便能够意识到这些地区的移动出行是有自己的独特特征的,所以将这些地区单列了出来。

首先,"大都市型""大都市近郊型"和"地方都市型"的部分交通企业的事业范围囊括了交通、商业和不动产等多个行业。正如之前内容所述,这些交通企业必定会将现有基础进一步利用起来,然后再开展生活服务

（看护照料、能源和快递等）。

而在"地方郊外、人口过疏地区型"中，私家车的使用频率更高，相对来说公共交通的需求较低，环境既已如此，一些拥有一定经营体量的公共交通企业也就注定难以生存。因此，提供一体化平台，让服务的质量提高和运营的成本降低能够同时实现至关重要。这种一体化平台可以将以汽车为起点的举措（如按需公交等）和地方公共团体的行政服务集结在一起。

无论何种地区，构建起既能够让铁路企业和地方公共团体获益，同时也能够让积极参加活动的主体更多元化，从而实现多方共赢的体制十分必要。

接下来就让我们跟随该资料中的"与每种地区特性相对应的举措"来详细探讨各种地区特性的不同应对措施吧。

（1）大都市型

引进MaaS的目的是"提升所有人的移动出行便利性"以及"缓解日常性拥挤"。那么，应当推进的全新服务有哪些呢？部分案例如下。

· 理想MaaS的案例：MaaS之间的相互联合、多种交通模式的整合、横跨多种交通模式的定额制服务、无障碍路线信息的提供、面向访日外国人的多语言信息、通用化设计的考量、实时交通信息的提供、多样化结算方式、乘车确认手段的提供。

- 新型理想运输服务案例：共享汽车、共享自行车、出租车拼车、超小型移动出行工具等。

（2）大都市近郊型

目的是"充实最初和最后一公里服务"以及"消除特定条件下的局部拥堵"。可预想到的全新服务如下。

- 理想MaaS案例：与大都市MaaS的联合、基础交通和最初/最后一公里交通的整合、零售/饮食等商业领域和医疗/福利领域及物流之间的联合服务、多样化结算方式、乘车确认手段的提供。
- 新型理想运输服务案例：共享汽车、按需交通、超小型移动出行工具、环保低速型移动出行工具、未来型自动驾驶服务等。

（3）地方都市型

目的是"改善生活交通便利性，提升地区活力"以及"提升地区内的洄游性"。可预想到的全新服务如下。

- 理想MaaS案例：和其他地区MaaS的联合，横跨多种交通模式的定额制服务，零售/饮食等商业领域、医疗/福利领域、物流和一般行政机关之间的联合服务，多样化的结算方式，乘车确认手段的提供。
- 新型理想运输服务案例：按需交通、共享汽车等。

（4）地方郊外、人口过疏地区型

目的是"保障和维持生活交通"以及"保障交通空白地区交通网络和物流网络"。可预想到的案例如下。

• 理想MaaS案例：与邻近MaaS等的联合，横跨多种交通模式的定额制服务，地区内各种运输资源的整合，零售/饮食等商业领域、医疗/福利/教育领域、物流和一般行政机关之间的联合服务，低成本结算方式和乘车确认手段的引进。

新型理想运输服务案例：人口过疏地区的客货混运、环保低速型移动出行工具、以街道车站和较小网点等地区为核心的自动驾驶服务等。

（5）观光地区型

目的是"提升观光客的洄游性""扩大和提升访日外国人的观光体验"等。可预想到的服务案例如下。

• 理想MaaS案例：连接航空及机场的交通，与都市间干线交通等MaaS的联合，随身行李配送服务的整合，住宿设施及观光/旅客集散设施、商业领域、目的地型/体验型服务的联合服务，二维码乘车确认。

• 新型理想运输服务案例：共享汽车、共享自行车、按需交通、超小型移动出行工具、环保低速型移动出行工具。

以上内容既是各地区对MaaS的审视，又是从解决日本特有社会问题的视角出发提出的些许设想。由此可见，商业起点的差异是不是也会改变社会各方对MaaS的理解呢？

本源性需求视角下的"目的型MaaS"

我们三菱综合研究所不仅从地区类型的视角,还从产业(零售、观光、娱乐、饮食和保险等)和移动出行这种消费目的的视角展开了观察。我们认为需要将它们结合在一起,然后重新审视MaaS市场。

我们将此称为"目的型MaaS",目前对其相关信息的整理正在加紧进行中。详细来说,所谓"目的型MaaS",就是将"移动出行"和与用户移动出行动机即"目的"及"嗜好"相吻合的"活动"和"场所"整合起来的一种服务。比如以拥有"想要观光(观光×MaaS)"以及"想要变得健康(健康×MaaS)"等明确意向及目的的用户为对象,给他们提供相应的活动及场所。

这种高附加价值服务蕴含着无限商机(见图2-1)。

若是按这种方法梳理,"观光地区型MaaS"就会变成"目的型MaaS"。

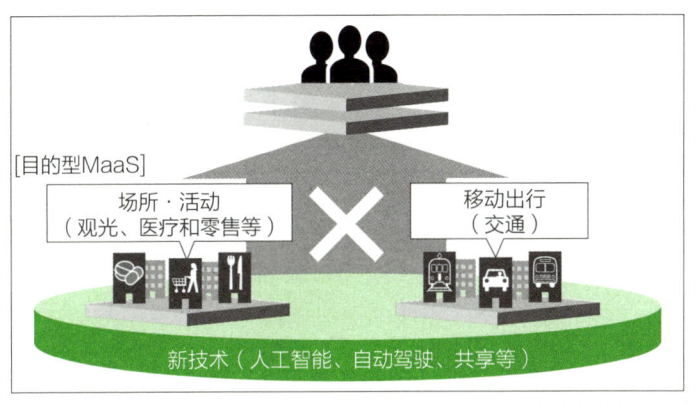

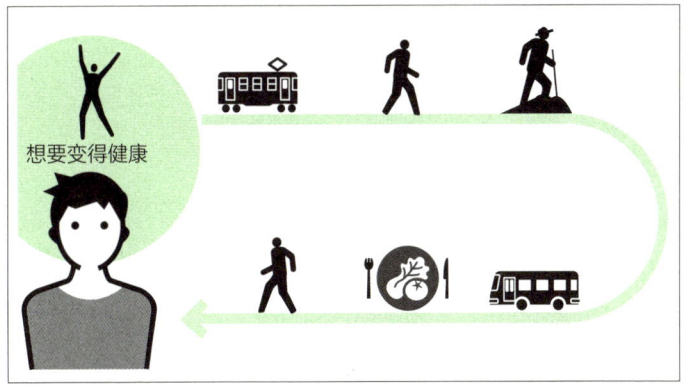

图2-1 高附加价值服务

那么，为什么"目的型MaaS"如此重要呢？

目前，在日本，交通相关支出的总额为36 000亿日元（每户每月5 000日元左右），汽车相关的支出为113 000亿日元（每户每月约1.6万日元）。但如果是"必须伴随移动出行服务的支出"，金额会增加到259 000亿日元（每户每月约37 000日元）。要是把范围进一步扩大到随着MaaS的深入渐渐表面化的"可能伴有移动出行服务的相关支出"，其市场规模可达到610 000亿日元（每户每月约88 000日元）。移动出行的根源性动机是"目的"，目的又可以和移动出行等组成配套服务，这就使得如何利用MaaS变现尤为重要。

在第3章，会介绍从创造全新商务的视角出发重新审视"目的型MaaS"。

各铁路企业的举措

接下来让我们把视线转向各铁路企业在MaaS方面的举措。

铁路行业，像小田急电铁、东日本旅客铁道公司和东急电铁公司这类企业正推进各种举措，目标是与各类型交通企业和非交通领域的某些企业开展合作。

不难想象，今后这个领域会越来越活跃。

东日本旅客铁道公司在集团的经营愿景即《变革2027》中表示，今后会构建能够整合移动出行的检索、安排和结算，并一体化提供的"移动出行联动平台"。同时以"无缝式移动出行""总移动出行时间减少"和"无压力式移动出行"为目标，希望可以凭借MaaS的推进，让人们享受到更便利的生活及移动出行。

2020年1月，东日本旅客铁道公司和日立共同开发的智能手机应用"Ringo Pass"进入更为大众化的公开实证实验阶段，该款智能手机应用将共享自行车及出租车等交通方式连成了一体。"Ringo Pass"构建的整套架构，能让用户流畅使用多种交通方式（共享自行车和出租车）。而用户只需利用目前用于铁路及公交的交通卡和信用卡信息进行登记注册即可。

具体来说，该应用不仅能够确认出租车的位置，当然前提是出租车公司在这个体系中，而且还能扫描后方座席上平板电脑呈现出来的二维码，预先完成支付。乘客到达目的地后，直接下车即可，不用特地将车费亲手交给驾驶员。

2020年春季，该公司和日本电信沟通无界限共享单车公司（Docomo Bike Share）展开合作，所以该应用还能确认日本电信沟通无界限共享单车公司旗下自行车停车场的位置以及可用车辆的数量等信息。

只要共享单车停在那，那么仅需在触摸屏上点击预先通过"Ringo Pass"注册的日本交通卡，便能顺利借车，无须事先预约。

在此基础上，陆地和空中的力量也开始联手。2019年8月，东日本旅客铁道公司表示与全日空航空公司就MaaS的推广和构建达成了共识，未来会携手共进。

随着技术与服务的发展，用户需求与日俱增，例如"希望无缝接收铁路和航空的相关信息""希望能够更简单地购买火车票和机票"等。为了顺应这些需求，实现无缝式移动出行服务，该公司持续推进着与其他交通机构的合作，同时积极地探讨后续措施。

将来，东日本旅客铁道公司会持续开展MaaS的社会实验，且采用各种措施，让一些服务成为现实，从而丰富"Ringo Pass"的功能，增加可选的移动出行服务。

未来出行

已拉开序幕的订阅服务

东急电铁公司于2019年1—3月期间开展了日本首次"郊外型MaaS"实证实验。目的是保障郊外住宅区的维持与发展。

该实证实验将开展场所选在了下一代郊外城镇建设模范地区"多摩广场",内容包括工作方法改革带来的工作风格变化,老龄化移动出行引起的需求变化,共享经济的渗透等带来的环境变化等,致力于统筹多样化的移动出行服务。

仅仅为了验证通勤时间这一项就开展了很多实验。例如,在多摩广场和涉谷站之间运行的配备了无线网及洗手间的高级通勤公交,可以通过智能手机简便预约乘车,畅享在区间内移动出行的按需公交,以及利用共享小型电动汽车的个性化移动出行等。

此外,2019年4—6月,东急电铁公司和东日本旅客铁道公司携手在伊豆地区开展了日本首次的观光型MaaS实证实验。

其间，两家企业发布了专用MaaS应用Izuko。从铁路、公交和人工智能按需交通到汽车及租赁自行车等各种交通工具的检索、预约、结算，都可依靠该应用在智能手机上完成，所以在前往目的地的过程中完全可以体验到无缝式移动出行。

同年12月，第2阶段的实证实验启动。阶段1时明确的课题（包含下载时间在内的可操作性、服务区域的有限性、商品种类及运用层面等）在阶段2起到了基础性的作用，这也让阶段2的实验内容更为丰富，例如，无须下载的网络浏览器系统切换、商品清单增加及服务区域扩大等。

2020年3月起，该公司在东急线沿线开展了"东急线和东急公交订阅通行证"这项订阅服务的实证实验，用户可以定额畅享交通、电影和饮食方面的服务，实验周期为1个月。该服务的基本套餐是为期1个月的东急线全线和东急公交沿线的随意用乘车券。同时还能从电影任意看、站内餐饮店定额通行证、租用专用电动汽车和自行车停车场中任意选择单项或多项内容组成套餐。这是日本境内对交通方式和生活服务一体化定额制服务的首次尝试。

2018年4月，小田急电铁公司在《长期愿景2020》中以"为城镇带去全新移动出行生活"为题，表达公司正持续推进与MaaS相关的举措，并利用下一代技术，促使多样化交通模式无缝衔接，让用户在生活中享受到便捷的移动出行服务。

2018年9月，该公司首先与江之岛电铁、雅虎及瓦尔研究所合作，在江之岛周边地区开展了自动驾驶公交的实证实验，同时试运行了MaaS。

除了在"雅虎！换乘引导"中提供自动驾驶公交的路线检索及乘车预约链接等服务外，还在江之岛周边车站及公交站的目的地检索结果画面中嵌入了对移动出行和饮食选择有用的信息，例如，周边有哪些高人气咖啡馆等。

另外，小田急电铁公司和瓦尔研究所还在构建"MaaS日本"，此乃实现MaaS所必需的数据平台。"MaaS日本"拥有检索、预约及结算各种电子票据等功能。主要包含铁路、公交、出租车等交通数据及各种免费通行证和商业设施折扣优惠等丰富信息。

"MaaS日本"是日本首个以提供MaaS应用为前提的开放式共通数据平台，不光该公司自主研发的产品，其他交通企业和地方政府等开发的MaaS应用也能使用该平台。

除此以外，该公司还和国内外的众多企业之间保持着紧密联系，借助"MaaS日本"共同推进数据的整合，同时探讨相应的配套服务。

2019年10月，利用了"MaaS日本"的应用"Emot"正式上线，以新百合丘站为中心开始了多路径检索和电子票据发行的实证实验。

尽管小田急电铁公司还计划在箱根地区实验"观光型MaaS"，但箱根地区受到19号台风的影响，交通机构萎靡不振，综合考虑后，其决定将实验延期。因此，反而是新百合丘及新宿地区的郊外型MaaS"MaaS×生活服务"被优先开展。

其中"郊外型MaaS"和新百合丘站的商业设施合作，当用户在这些地方消费满一定金额，便会发行小田急公交的免费往返车票，当然这些公交都是从新百合丘站出发或到达该站的车辆。而"MaaS×生活服务"是一项订阅服务，负责销售新宿和新百合丘站内指定餐饮店的定额制票据，1天可以使用1次。

进入正式实施阶段的MaaS

2018年11月，西日本旅客铁道公司与丰田汽车携手，联合8家交通、店铺和活动信息服务商，在福冈市启动了"我的路线"的实证实验。

这是面向智能手机的多模态移动出行服务。

它将移动出行相关的一系列功能整合到了单个应用中，例如，"店铺和活动信息的提供"以及"移动出行方式的检索、预约和结算"等。致力于为福冈市内的"顺畅移动出行的支援"和"街区的繁华振兴"奉献绵薄之力。

除了拥有组合了公共交通（公交、铁路及地铁等）、汽车（出租车、汽车租赁及私家车等）、自行车及徒步等各种移动出行方式的可提供多条移动路线选择的"多模态路线检索"外，还将出租车的预约和结算、西铁公交数字化免费乘车券的购买、乘车预约和车辆使用集成到单个应用中，并组合成无缝式服务提供给民众。

随着实验获得好评，2019年11月，九州旅客铁道公司也加入进来，自此该服务便在福冈市、北九州市进入正式实施阶段。当时，西日本旅客铁道公司已计划在2020年春季，继横滨市、水俣市之后，将服务进一步推广到宫崎市、日南市，并逐步向日本全国扩张。

创造全新事业是京急电铁的愿景，因此它提出了"以移动出行为基础，创造出丰富多彩的生活方式"的愿望。该公司计划实现"地区合作型MaaS"，将以铁路为中心的移动出行基础建设与各种服务及沿线地区连接起来。

具体动向方面，该公司自2017年开始便和创业公司联合持续推进着名为"京急加速项目"的开放创新活动，目标是创造出全新事业。

此外，2020年2月，该公司还表示会和全日本航空公司、横须贺市、横滨国立大学合作推进"通用化出行即服务"（Universal MaaS）的社会实施活动。该移动出行服务可以让残障人士、老年人及访日外国人等受各种因素影响而对移动出行望之却步的用户也享受到舒适且无压力的移动出行。除了能够提供公共交通机构的费用、航行、运行状况及无障碍换乘线路等信息，交通企业、地方政府和大学之间还会共享乘客必需的某些辅助内容，互相携手提供无缝式移动出行体验服务。

这项产业界、大学和政府三方合作的项目在2019年

6月启动，今后还会与服务提供者合作，推动服务的试用。当时的计划是，于2020年内开始在全社会实施。

近铁集团从2019年10月起在志摩地区开始了观光型MaaS的实证实验。志摩是沿线的重要观光地之一。

提升联运交通便利性是"志摩MaaS"的实证实验的核心，这些联运交通的路线检索和预约等都可以在网上完成。该实验网罗了各种交通方式，例如，将志摩地区近铁特急车站（鹈方站、贤岛站）和周边观光地连接起来的，由公交、出租车和小船组成的按需交通及住宿设施提供的小型公共汽车等。随着实验的深入，拥有全新路线的按需公交正式运营，这也成了一种掌握人们全新乘车需求的手段。

2020年1月起正式开始的第2次实证实验运用了名为"Burarist"的观光型MaaS应用。它不仅能够实现按需交通的检索和预约，还可以利用数字化免费通行证销售、旅行目的地的商品销售与结算等无缝式服务。通过"Burarist"，顾客无论身处日本还是海外，都能提前预约旅行目的地，确定交通方式并完成结算。

除了上述这些，其他举措也陆续登场。例如2019年10月，大阪地铁、近铁、京阪、南海、西日本旅客铁道、阪急、阪神这7家关西地区的公司组建了"关西MaaS商讨会"，对于共寻MaaS的引进之路达成了共识。

将于2025年在大阪举行的大阪世博会也进入到了它

们的视野中，为了在关西地区提供从出发地到目的地的无缝式移动出行方式，今后会继续维持合作关系，研讨各种可能有用的策略。

以往，铁路企业提供的价值是以交通、住宅、宾馆、商业设施、揽客设施等生活和商业性基础建设为核心的。而现在，很多铁路企业将这些基础建设看作基石，逐步开始提供支持各种生活方式和商业方式的服务，内容涉及育儿支援、年长者应对、学习及共享办公室等。其中，在多样化主体相互关联的背景下，铁路更是成为孕育全新基础建设及服务并使它们更高维度的平台，在其中起着重要作用。

以MaaS的逻辑重新审视这些基础建设和服务就会发现，这种将本质价值和移动出行一体化的全新的无缝式服务正处在被磨炼和考验的阶段，考官则是各家铁路企业的实际验证活动。

MaaS的发展也会改变城镇建设的面貌

当下的社会环境迎来了巨大变革,"人口减少""数字化""生活和工作方式的变化""以人为本的技术应用"以及"全球化"等皆是其中一部分。到今天,传统社会的基础建设和经济系统越来越难以为继。

为了在下一个百年依旧让社会富足且可持续发展,构建起全新社会基础建设和经济系统至关重要。现在是一个重要节点,各种未来社会的构想都陆续步入实践。MaaS的本质意义是作为全新社会的基础建设,为下一代城镇做贡献。这其实就是前述等级4 MaaS展示出来的世界观。

ＭａａＳ型社会的到来毫无疑问会给消费者及社会(城镇和基础建设)等造成巨大冲击。社会各界会提供将本质价值和移动出行一体化的全新无缝式服务,以消费者为中心将它们连接起来，而这又会促使全新的价值和服务诞生。

如果从城镇和基础建设的视角来看呢？MaaS的发展或许会让城镇建设的面貌发生巨大变化。

接下来就拿公交来举个简单的例子。至今为止，行驶在大街小巷的公交都是沿着固定路线，遵照着固定的时刻表。但在下一代城镇中，用户需求会被立刻捕捉，数字化世界会从中找出最优解，之后公交则按其结果驶向大街小巷。今后，类似事情会在城镇建设的所有方面出现。如果将已有基础建设与数字化技术结合，那么一些遗留至今的社会问题很可能会迎刃而解。

从交通企业的视角来看，为了构建起MaaS等下一代社会基础建设，全新投资必不可少。相对的，如何有效共享以及分担这些成本是重中之重。在下一代社会和经济系统中，无论行业是否相同，各种服务都会互相连接，孕育出相应的价值。相比于各自为战，只有恰当合作，才能创造出更多的社会性价值。

城镇建设的面貌不断变化，铁路企业更是城镇建设的核心。为了维持商业运行，各公司应该互相合作，创造出全新优势。

总而言之，非常期待铁路企业能够在未来向高级化的移动出行服务及下一代城镇建设发起挑战。

# 第3章

产业和移动出行携手走向共创

未来出行

移动出行革命所形成的巨大市场

毋庸置疑，MaaS、CASE的发展已经形成了巨大市场。就像第2章阐述的那样，现在日本与交通相关的支出达到36 000亿日元，与汽车相关的支出达到113 000亿日元。但如果是"必须伴随移动出行的服务方面的支出"，其金额会增加到259 000亿日元。若范围再扩大到随着MaaS的深入慢慢表面化的"可能伴随移动出行的服务方面的支出"，其市场规模竟会扩大至610 000多亿日元（见图3-1）。

现在，用户渐渐从驾驶等各种工作中解放出来，因此移动出行过程中所花费的"时间"被腾空，逐渐成为新的市场。

根据国土交通省《全国都市交通特性调查》（2015年）可知，在日本，徒步、自行车、铁路、汽车、摩托车及其他各种交通工具的总移动出行时间约为463亿小

```
合计 1 019 000亿日元/年
  合计 408 000亿日元/年
    合计 149 000亿日元/年
      公共交通支出※              汽车相关支出※
      36 000亿日元/年             113 000亿日元/年
      ※家庭交通支出               ※汽车相关费用
      （公共交通费用、汽车租赁、共享汽车）  （购买、维持、保险、停车场）

    必须伴随移动出行的服务方面的关联支出※
              259 000亿日元/年
    ※在外用餐、旅行等

  可能伴有移动出行的服务的相关支出※
            611 000亿日元
  ※食品、家具家务用品、文化娱乐的必需商品等
```

图3-1 日本国内：家庭支出

时。当中，平均每人每天的汽车和摩托车移动出行时间约为30分钟（见图3-2）。

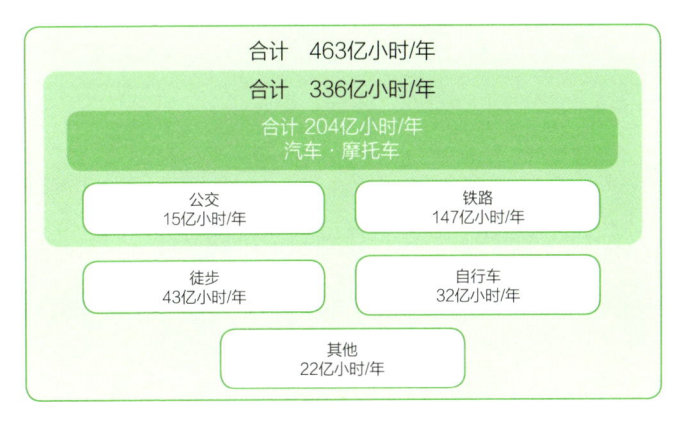

```
合计 463亿小时/年
  合计 336亿小时/年
    合计 204亿小时/年
    汽车·摩托车

    公交                铁路
    15亿小时/年           147亿小时/年

  徒步                 自行车
  43亿小时/年            32亿小时/年

         其他
       22亿小时/年
```

图3-2 日本国内：移动出行时间

在公交及电车的移动出行时间方面,公交每年约15亿小时,铁路每年约147亿小时,这些移动出行时间都可以被打造成内容消费时间。如果能够提供那种"只有在车内空间才能体验到的有吸引力的内容",那么非移动出行企业便也可以去利用如此大量的时间。

由此应该能够再次真切地感受到这一市场的巨大潜力。

匹配机制才是平台商业的收益之源

如前面内容讲的那样，平台是企业的主要收益来源。而这一收益源又来自平台上那些为了匹配（交易）内容支付的手续费。为了增加收入，企业必须提升平台上的交易金额。通常来说有两种手段，一种是获取更多用户，另一种是提升用户的支付单价。例如大规模的宣传推销以及优化用户接口等都是随处可见的具体举措，但最有效的应该还是MaaS。

当前，各方愈发重视消费的个性化，这种环境让MaaS平台恰好处于有利位置。为何这么说呢？MaaS应用其实是与用户进行接触的点，可以获取与用户相关的丰富数据。

假设用户使用MaaS应用安排了一连串的旅行计划，那么用户属性自不必说，检索履历、购买履历、移动出行履历及移动目的等一系列信息都可被清楚掌握。也就是说，能更高精度地将市场营销的数据整合为一体。

若巧妙利用这些数据，甚至能预测未来所有人的潜在性需求。要是能掌握用户需求，便能更准确地进行市场营销活动，例如新商品开发及广告战略等，可以更有效地利用各种信息，为企业提供价值等变现的可能性也会增加。

那么，用户数据的利用能让哪些东西成为现实呢？以每个人的"所处时间和所处场所"为基础的高级推荐功能就是其中之一。

假设从旅行目的地返回时，距离新干线出发还需等待1个小时。这时，使用的若是通用型推荐，那么推荐项目可能也就是"1个小时即可游玩的王道观光路线"，或者"站点附近的人气土特产店"而已。但如果有效利用了MaaS，便可根据用户情况详细推测其嗜好。例如，如果知道用户喜欢日本酒，即可更加深入地推荐"可畅饮地方酒的美味居酒屋"等内容。要是再加上居酒屋优惠券，那么用户选择那些店铺的可能性势必会有所提升。

即便是移动出行方式本身的推荐功能也能覆盖许多需求。例如，结合用户身体状况、日程表及家庭账本等数据，就可以让移动出行模式更加多元化，如"舒适模式""最快速模式"及"节约模式"等。当用户给自己安排旅游行程时，若依据气温和体温判断"有中暑危险"，就可将移动模式切换为"舒适模式"。如此一来，附近的公交及出租车的车内环境（温度、湿度和拥挤情况）会和用户智能手机单独通信，引导用户体验最为舒适的移动出行工具。

这种不仅让移动路线本身最优化，还结合移动出行目的、用户的兴趣和爱好，同时让服务整体最优化的服务提供方式也是目的型MaaS的一种。

目的型MaaS可戳中每位用户内心的痛点，所以能让人感受到更高的附加价值。为了能提供这种服务，必须运用全新的方法与其他产业展开合作。

用动态定价进一步扩大收益

根据需要调整价格，即动态定价，它是近来越来越受各方瞩目的收益最大化手法，也是MaaS中无法被人忽视的变现方法。

在移动出行领域中，新干线及飞机等预约型长途移动出行工具原本就引进了动态定价。与之相对，作为生活基础建设的铁路及班车客运等仍然没有引进。就原因来说，首先商业习惯和用户心理其实就很难接受这种方式，其次，法律制度层面也存在诸多限制。

但是，如果能像目的型MaaS那样将移动出行以及前述各项服务一体化，事情会怎样发展呢？面向服务的整体去引进动态定价或许会变得容易一些。即使不调整价格本身，利用积分及优惠券也能对用户实际负担的金额进行调节。例如，给那些选用拥挤率较低的交通方式的人发放购物积分。

若能采用这类方法将动态定价引入到移动出行方面，

不仅能扩大收益，还能挖掘新顾客，增加用户数量，从而解决多方面的都市问题，例如，交通机构拥挤程度的缓解及需求平衡化等。

可见MaaS的推进也融入了其他产业，面对这样的环境，MaaS平台应该如何变现呢？我们试着探寻了可能有用的商业模式。其要点在于需要最大限度地利用用户数据，通过市场营销及定价方式，提升收益性。为此，可以对收集到的用户购物及移动出行等数据进行整合分析的技术必不可少。

受各方瞩目的莫奈科技

现今,像信息技术平台这种由不同行业的企业推进的MaaS事业日益繁荣。各家公司分别以目前的业务领域为起点,谋求MaaS事业的顺利孵化。

根据业务领域,可将MaaS平台分为以下几类。

① 交通系平台:出租车配车应用/按需公交运营/共享汽车/自动驾驶等。

② 结算系平台:日本交通卡/二维码/人脸识别等。

③ 整合系平台(中间件层面-应用层面):"我的路线"(丰田汽车)、"Emot"(小田急电铁公司)等。

④ 基础系平台:MaaS 日本、关西MaaS商讨会等。

交通系平台和结算系平台是构成MaaS系统的重要功能,又会被整合系平台集成为无缝式移动出行服务。

基础系平台是支撑①~③的共通数据基础。负责收集、管理及提供与交通相关的静态数据（时刻表等）和动态数据（延误信息、位置信息等）。

在它们当中，由其他行业而来的全新选手筹划推进的交通系平台领域事业尤为引人关注。

这些加入到运营体系中的全新企业，目标是在自动驾驶系统及配车系统领域建立起平台运营商的地位。

面向用户的服务方面，检索、预约、结算等多模态服务及共享服务等日益崛起。今后，整合这些服务的举措应当会更加活跃。

其中2018年丰田汽车和软银共同设立的莫奈科技非常吸引人的眼球。

为了MaaS事业，该公司正在整合丰田公司构建的互联汽车信息平台"移动出行服务平台"（MSPF）和软银开发的通过智能手机及传感器设备等收集和分析数据的"物联网平台"。

所谓移动出行服务平台是一种整体性架构，是丰田为了给拼车、共享汽车、汽车租赁及出租车等移动出行服务企业提供自主研发系统而构建的。移动出行服务平台囊括了移动出行的管理、利用及分析等功能。

此外，其他一些公司还计划在与各种服务企业的合作时运用移动出行服务平台。例如，能够利用专用通信设备获得车辆数据的车联网保险（Telematics）。

该公司最先帮助了按需移动出行服务。现已面向全日本地方政府及企业提供"地区合作型按需交通"以及"面向企业的班车服务"等服务，主要特点是可以结合用户需求，实现最优化配车。

另外，该公司在2019年开展了多项实证实验。

主要活动之一就是2019年3月19—26日在横滨市进行的按需公交实验。该实验利用了该公司的配车平台，在智能手机上指定目的地及日期等信息后，即可完成预约，然后顺利乘坐公交。育儿一代及老年人等各年龄层的需求是该服务的基础，运用方法和便利性的验证是此次实验的目的。

2019年2月26—3月22日期间，该公司以三菱地所公司运营和管理的大厦中的上班族为对象，实验了按需通勤班车，班车将吉祥寺、丰州及川崎等地与丸之内区域连为一体。用户通过智能手机选择乘车场所后，便能被免费送至上班地点附近。该项实验是为了验证是否有人想将移动出行时间转变为工作时间，或者希望将出行时间变换为和家人舒适相处的时间。

2019年8月1日起，该公司在东京都市中心的部分区域启动了公司车辆共用服务的实验。该实验的对象是共用公司车辆的负责人，内容包括能让办公室及主要车站间的移动出行服务更高效的按需系统，以及可提供舒适车内空间的"莫奈商务"（MONET Biz）的实用化。

之后该公司又在东京竹芝区域接连开展了两次实验，一是2019年12月的"面向观光客的多模态服务"，二是2020年1月的"面向上班族的多模态服务"。当时莫奈科技和电通、东海汽船及东日本旅客铁道公司等密切合作，为观光客和上班族提供了包含船舶在内的多种服务。后续目标是将联合了铁路及船舶等多种公共交通机构的服务予以实现。

此外，该公司已在2020年使用丰田开发的移动出行服务专用下一代电动汽车"e-Palette"开展移动出行、物流及商品销售等事业。

欲加入MaaS的众多海外大型平台

海外势力的MaaS事业一样如火如荼，其中就有谷歌的身影。

谷歌首先关注的是自动驾驶。其自动驾驶汽车开发部门已单独成立分公司，即Waymo公司。该公司在开发方面表现得十分活跃，截至2018年10月，公路实验的行驶距离就已达1 000万英里（约1 609.3万千米）。

同年12月，又在美国亚利桑那州菲尼克斯市启动了自动驾驶汽车的配车服务。使用智能手机便可将自动驾驶汽车叫到自己跟前，之后车辆会将自己顺利送达目的地。虽说是自动驾驶，为了保障行车安全，目前驾驶员还是得坐在驾驶位监视车辆状态。2019年时，加利福尼亚州也批准了同样的实验，随后该公司在政策的支持下启动了相应服务。

此外，谷歌还通过同集团的创新型公司Sidewalk Labs在加拿大多伦多市推行着智慧城市的构想，其中包含了加入MaaS事业这种战略性规划。

具体措施不仅有对拼车、共享汽车及共享自行车等移动出行方式的整备，还有提供与移动出行相关的订阅（定额）服务。

开发计划已于2019年发布，预计到2040年左右完成。

谷歌以汽车的自动驾驶业务为开端，以获取与真实生活和消费相关的信息为目标，积极地与不同行业展开合作。不难想象，谷歌的影响力会进一步向公共交通及汽车制造商等领域扩张。

另外一家海外势力是配车平台企业优步，旗下业务遍及全球70个国家及地区的450多个城市。2018年2月，一项名为"快捷共乘"（Express Pool）的全新服务正式启动，与以往不同的是驾驶员不需要来到乘客所在位置迎接乘客，而是乘客步行至离自己稍微有点儿距离的停车处，这无形中避免了时间的浪费，缩短了双方的等待时间。因为乘客需要步行一段距离，所以费用会相应地减少到原来的50%~75%。

用户让驾驶员前来迎接时，指定的是一片区域而不是某一个点。优步会根据相关信息寻找与那次移动出行最为匹配最高效的拼车对象，当乘客和目的地确定后，再将等待的地点告知乘客。

因为费用与公交和地铁相差无几，所以该企业的目标之一就是将自己研发的服务打造成另一种通勤手段。该服务每次最多可支持3名乘客使用。

此外，优步也在积极地开发自动驾驶车辆。

旗下自动驾驶开发部门于2015年成立，截至2018年，已有1 750名技术开发人员。

另外，该企业还和大型影像诊断人工智能公司英伟达联手，将技术运用到了车载人工智能计算机系统上。

不仅如此，优步还推进了自动驾驶卡车的开发。优步尽管2016年对自动驾驶卡车公司Otto公司进行了收购，似乎建立起了良好的开端，但最终还是因为一些因素难逃退出的噩运。

之后优步便将人员集中到了乘用车的自动驾驶技术开发领域。然而，由自动驾驶卡车部门开发的卡车配车服务"优步货运"（Uber Freight）并没有因为人员变动而停滞，货主和运输从业者因它的存在而能互相匹配。

作为拼车企业，为保障拼车事业的收益性，优步一直持续推进着与MaaS相关的事业。其中，通过公共交通获取和圈占顾客就是十分关键的一部分。

在亚洲地区，滴滴出行可谓"中国版MaaS"。

该款出租车应用目前已进入日本市场。2018年4月，该公司（2018年和软银共同设立的合资公司）以目前在中国已有的拼车事业为基础，启动了公共交通换乘等一体化服务。

打开应用程序，点击"换乘服务"之后，便有多条通往目的地的线路映入眼帘。这些线路都是由乘用车拼车、地铁、公交等公共交通和共享自行车及徒步等各种出行方式组合而成的。

如果选择了包含乘用车拼车的路线，那么还能通过同一应用程序完成预约操作，让车辆按照指定场所及时间前来迎接。

同年7月，该公司开始在限定地区提供按需公交服务"优加巴士"（U+Bus）。

该服务可以根据用户要求，在云端计算出前往离用户最近的上车地点所需的步行时间，而后指示公交行驶到那里。

运营初期，上车地点和普通公交车站是共用的。将来服务的发展必定会日渐深入，所以该公司也在探讨后续对策，预计会设置全新的专用上车地点，甚至根据实际情况逐步取消上车地点。该项服务率先在深圳市开始运营，未来其范围应该会慢慢扩大，使用到的车辆全部都是电动汽车。

此外，2018年4月时滴滴出行表示会创立"洪流联盟"。该共享汽车企业联盟共计吸引了31家来自全球各个领域的企业，例如，大型汽车企业及大型零部件企业等。

这一巨大的企业联盟，除了有汽车厂商、汽车零件供应商及电动汽车风险投资企业以外,还有充电设备制造企业及通信企业等的身影。像日本丰田、德国大众、法国雷诺及韩国起亚等海外大型汽车企业都是联盟成员。

那么为何要建立这个企业联盟呢?最大目的就是在已有的共享汽车、长期租赁及汽车金融等服务的基础上,通过共通平台提供共享汽车车辆补修及保险等全新的服务。

目前该公司已有在将来把自身服务的范围拓展到海外地区的野心。目标是让滴滴出行成为全球最大的车辆运营商。与此同时,其也极有可能向铁路等公共交通领域扩张。

同样还是中国,阿里巴巴的动向备受瞩目。

2018年7月,九州旅客铁道公司和阿里巴巴宣布两家企业缔结战略性合作关系。

此次合作运用阿里巴巴的相关技术,通过日均访问量超过1 000万人的旅行网站飞猪,集中介绍位于日本九州的魅力观光地、温泉、饮食及文化等。除了有效引导顾客外,对中国地区日常使用量超过6亿人的在线结算服务支付宝的使用环境进行整备,促进访日中国观光客的消费,也是计划中的重要环节。

预期目标是在2023年度从中国吸引100万名游客前往九州旅游观光(其中阿里巴巴负责输送50万名旅客)。

这项活动毫无疑问会为盘活九州地区的经济做出巨大贡献。

不难想象，今后阿里巴巴应该会站在支付宝这一结算行业中的庞然巨物的肩膀上，将自己的影响力拓展到铁路等其他众多领域中。此外，还可能化身物流企业从物流高效化的视角去发展MaaS事业。

未来出行

日本地区围绕平台的竞争

接下来让我们把视线转向日本,看看日本地区的信息技术平台供应商企业有何动向。

都科摩公司全力推进着"d共享汽车"(d Car Share),这项服务将共享汽车、私家车和汽车租赁有机结合了起来。

首先,在共享汽车方面能使用欧力士(ORIX)共享汽车旗下的车辆,采用双计费模式,即时间费用+距离费用。

解锁车辆则可以使用日本交通卡等IC卡以及移动终端(都科摩公司以外的运营商的智能手机也可以)。支付则与都科摩公司的通信费用合并支付,或者利用信用卡结算。

所谓共享私家车,就是将车主注册的私家车用于共享的服务。使用费包括共用费和保险费(共用费由车主设定,以24小时为单位)。

通过手机应用可以完成预约操作,其中还内置聊天功能,用户可以和车主沟通,当车主认可了用户的需求后,预约会被正式敲定。整个流程简单来说就是先商讨车辆的交付场所和归还场所,再借出或归还。

而汽车租赁服务可横跨多家汽车租赁企业搜寻空闲车辆。使用费以各租赁公司的价格为准。操作方式与原来的租赁一模一样,利用应用执行预约操作后再前往营业场所完成车辆交付即可。

此外,都科摩公司开展的是"人工智能运行公交"实证实验。

2018年10月,与新能源、产业技术综合开发机构(NEDO)及横滨市合作开展了横滨MaaS"人工智能运行公交"的实证实验。

在包含了未来港及中华街等观光地在内的临海地区,人工智能可根据用户的预约情况自动配给拼车车辆,观光客的"洄游性"因此有了一定提升。

实验使用的人工智能运行公交技术是和配车系统风投企业未来Share公司共同开发的,能够为每辆车安排最佳路线,车内显示器会显示出这一路线。驾驶员则按照路线所示那样在上下车地点之间巡回行驶。

当时,共计有10台这种看上去类似于公交的出租车(额定乘客数4~6人)在实验地区内的31个上下车地点之间来回穿梭,全程免费。

实验中，东日本旅客铁道公司也提供了协助，在实验地区内的根岸线樱木町、关内町和石川町3个车站，促使人们用电车和人工智能运行公交。当时还进行了另外一项验证，那就是当用户使用日本交通卡搭乘电车和人工智能运行公交后，若在餐饮店等店铺出示同样的日本交通卡便能获得优惠。

都科摩公司期望以智能手机为核心，将各种交通媒介和人互联起来，承担起社会责任。

尽管目前的核心是汽车相关业务，但就像实验展示的那样，与铁路企业的合作已被提上日程。

纵游公司则利用人工智能和深度学习技术，让路线最优化，让道路拥堵得到了缓解、事故减少、出租及快递的产能提升等，同时还计划以这些手段实现较高级别的自动驾驶。

近来，该公司在横滨地区推进着名为"轻松约车"（Easy Ride）的实证实验，将其运用到了该公司和日产汽车共同开发的无人驾驶车辆。

该项服务的目标是为用户提供"简便""自由"及"安心感"。其中简便指的是用户能够使用专用移动应用，简便地完成目的地设定、配车及支付等操作。而自由指的是用户可根据自身目的及心情，随心所欲地选择目的地，如当地景点及推荐的观光路线等。安心感则指使用的尽管都是无人驾驶车辆，但远程管控中心会24小时全程给予支持。

2018年3月，该公司在位于未来港地区的日产全球总部到横滨世界港购物中心之间设立了一条长约4.5千米的跑道作为初期实证实验的场地。车辆便在这条跑道上往返运行。

紧接着第2年，即2019年2月又开展了第2次实验。尽管运行路线只是从日产全球总部通向横滨中华街的约5千米的道路，但一些变化悄然出现，例如开始能够通过应用自由指定目的地等。

都科摩和纵游这两家公司都希望能在21世纪20年代初期尽早地为用户提供正式服务。

此外，纵游公司自2016年8月起就已和EasyMile联手，运用全自动驾驶车辆运营名为"无人驾驶公共汽车"的交通服务。EasyMile是总部位于法国图卢兹的自动驾驶风投企业，除自动驾驶外，还从事软件开发和汽车车体开发业务。

到目前为止，实际验证从未中断，无论是在大学校园、动物园、购物中心，还是在普通公路上，都能见到这些车辆的身影。

当前，随着劳动人口减少、驾驶员人手不足和地方政府预算削减，公共交通机构路线的停运以及运行班次减少等问题开始显现并加剧。而克服这些难关，保障最后一公里的移动出行便是服务想要达到的目标。

纵游公司还着手推进着名为"Anyca"的个人共享服务，用户可在智能手机应用上发出需求，租用普通车主的车辆。使用费由车主设定，与此同时，服务自带东京海上日动火灾保险公司提供的1日保险。

除了这些，纵游公司和二手车购销企业Gulliver及提供停车场预约服务的企业akippa之间也保持着紧密的事业合作关系。

除了扩大共享领域的范围外，增加各公司的顾客数量也是纵游公司的目的。

尽管出租车配车服务软件公司MOV在2020年2月时表示，其事业会被日本出租车公司（Japan Taxi）整合。但今后纵游公司仍会继续以第一大股东的身份参与事业的推进。

在纵游公司对未来的设想中，或许会以智能手机应用为起点，在自动驾驶及共享汽车的匹配与运营管理等领域扩大事业规模。

与国内外其他行业多是参与交通系平台不同，日本既有的交通企业以及汽车公司基本都将自身定位成整合系平台。铁路企业的案例已在第2章进行了阐述，汽车公司中的丰田汽车也开始提供名为"我的路线"的服务。

海外的整合系平台Whim公司以及德国戴姆勒旗下的Moovel公司等虽然都向日本市场发起了挑战，但是却深陷苦战。不同国家的实际交通状况是存在很大差异的，仅依靠统一平台就想攻占他国市场，恐怕是天方夜谭。

　　为了能在MaaS领域过五关斩六将，将自身的特征转化为优势是必备本领，例如，是不是真实地扎根于地区社会当中，是不是切实地在为地区提供移动出行及相关服务。创造出优势之后，再通过整合性的平台打造出与之匹配的服务才是关键。

"目的型MaaS"所蕴含的无限可能性

正如之前所述,在MaaS的社会实施过程中,不光是汽车公司、铁路企业,还有国家及地方政府等,都不断开展着各种实证实验。提供信息技术解决方案的企业也更多地开始提供MaaS数据平台,通信企业也日益积极地参加到移动出行领域中。已经达到实际验证级别的服务逐渐变得越来越具体,但从市场的持续性来看,收益模型的确立(变现)迫在眉睫。

第2章谈到过贴合用户目的及嗜好的"目的型MaaS",引进它或可提升收益性。部分用户消费时抱着明确意向,例如"想要观光(观光×MaaS)",或者"想要变得健康(健康×MaaS)"等。那么,以它们为对象的高附加价值服务必定蕴含无限商机。

运用目的型MaaS之后,很多事情探讨起来会变得更加容易,例如,贴合性别及年龄等用户属性和嗜好的商业计划。如果是"健康×MaaS",还可以将医疗保健企业等纳入到商业活动的范围中。例如,和自行车共享企业合作后,可以给骑行距离和斜坡缓急程度赋予相应的积分,然后推出配套服务。比如,让用户通过积分兑换健康保健商品及服务。这样的方式是不是会给用户的增加带来一定作用呢?

要是运输企业也提供类似的服务,应该也会推动社会整体最优化这种宏大构想。例如,在十分拥挤的高峰时间段降低共享自行车的费用,或可对拥堵的缓解等社会问题的解决起到一定作用。如果交通企业进一步扩大并促进自行车共享业务发展,那么用户便能够享受到更加优质的移动出行服务。

若把这些服务转换为MaaS应用,许多正面的副产物会慢慢浮现。通过应用,除了用户的各项属性以外,企业还能掌握用户的检索履历、移动出行履历及移动出行的目的等许多和市场营销密切相关的信息。因此,企业能将这些信息集合起来,打造一个市场营销平台,进行二次利用。例如,思考适用于"高健康意识人群"的全新商业活动等。

当然,不光是"观光×MaaS"与"健康×MaaS",和其他产业联手推广的"目的型MaaS"也蕴含无限可能。是否可以结合用户需求设计MaaS,提供高附加价值且能"戳中痛点"的服务至关重要。

同样，如果设定了其他目的，那么零售、娱乐及饮食等各行各业都会成为潜在的合作对象。

第2章所述的由近铁集团推广的"观光型MaaS"其实也是"目的型MaaS"的一种，实验包含了各类服务。例如，在预约观光地住宿的同时，还能一并对前往住宿地及其周边的移动出行进行预约和结算等。

随着目的型MaaS的发展，隐藏着巨大可能性的市场自然而然地形成。将来，MaaS的概念或许会发生巨变，比如从"交通企业之间的合作"转变为"产业和移动出行的共创"。

一般而言，MaaS的发展会让移动出行更加高效。铁路、公交、出租车及飞机等多项移动出行服务会形成最佳组合，能够检索、预约和结算这种最佳组合的平台总有一天会诞生。

如第1章所述，MaaS掀起的移动出行革命正在将汽车等产业变革为服务产业。下一阶段，移动出行和其他产业间的合作将在服务的高度化中成为不可或缺的部分。

例如，在旅游产业中，在预约观光地的同时，推荐前往当地的交通方式，提供位于路线上的观光设施的优惠券，都是十分普通的方法。

零售行业方面，除了使用可移动式销售车推广和销售符合个人爱好的商品外，提供免费接送消费者前往零售商店的服务等也很稀松平常。

像这样将移动出行作为起点,把所有产业整合到同一个生态系统中开展合作正是MaaS的本质。在互相合作中,全新的服务会应运而生。这正是"产业和移动出行的共创"的深层含义。

未来出行

让MaaS变现的商业模式

从现状来看，仍然没有通过MaaS平台获取利润的体系。

MaaS在进行变现的过程中，要对多种移动出行方式进行整合和服务化，换句话说，将多种移动出行的检索、预约和结算进行整合后，要想顺利变现，有两大不可或缺的步骤。

① 融合移动出行和内容（零售、观光、娱乐及饮食等），实现高附加价值化。
② 打造融入了内容企业的B2B商业模式。

首先让我们看一看在多种移动出行的整合和服务化方面的变现。假设至今为止都是以用户自身的目的去组合移动出行方式的，合计支付1 000日元。

当移动出行被整合和服务化后，用户便能在智能手机上对门到门的移动出行方式进行一站式且实时的检索、预约和结算。用户如果将这种便利性看作附加价值，那么不仅会给MaaS平台运营商支付1 000日元，还会支付额外的费用。成交后，移动出行方面会向MaaS平台运营商支付提供了客源的手续费。

这就是MaaS平台运营商的商业模式之一（见图3-3）。但仅靠便利性，也就是说只去整合移动出行，即便用户有意愿支付额外的费用，支付金额也始终是很有限的。

那么在此基础上，再将零售、观光、娱乐及饮食等内容融合进来，事情会怎样发展呢？这就是之前谈到的通过将移动出行和内容融合在一起来提高附加价值。

例如，想要购买舞台表演门票，一番检索后，前往当地的移动出行方式被推荐。或者，检索目的地后，先是出行路线及当地周边的餐馆被一一列举，最终乃至1日观光线路也被陆续推荐。这种"移动出行×内容"的相乘效果必定会孕育出全新的顾客体验。

旅行中，有时换乘的等待时间或会达到1个小时，那么利用等待时间游览景点的方案会被展示出来。

类似的服务被实现后，用户向MaaS平台运营商支付的费用必定会有所增加。此外，MaaS平台运营商不仅能获得移动出行一侧支付的手续费，还能从内容一侧获得另外一部分手续费。这些都是该平台因提供顾客信

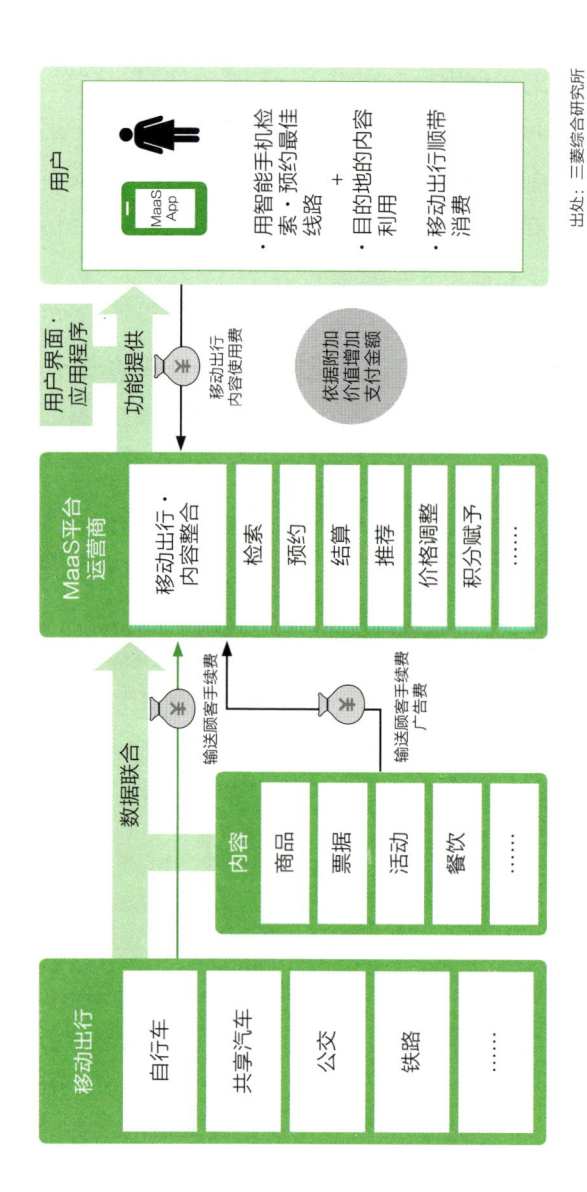

图3-3 MaaS平台运营商的商业模式

出处：三菱综合研究所

息所收取的手续费和广告费。

以上就是融入了内容企业的B2B商业模式。

对于内容一侧来说，这种商业模式能让它们意识到，如果不参与其中，就会有种种缺陷显露出来。以移动出行为起点，整合零售及观光等生活服务，构建出整个生态系统后，能对用户行为的变化起到极大的促进作用。因此，有一种可能就是用户只使用生态系统范围内的生活服务。

例如，两家店铺都是零售商店，其中一家运用自动驾驶汽车提供免费接送服务，另一家却无动于衷。毫无疑问，人们优先选择前者的概率一定会更高。如此一来，没有加入到生态系统当中的企业可能就会面临极大的淘汰压力。

第4章

被作为日本国家战略的MaaS、CASE

未来出行

MaaS是"旗舰项目"

2018年6月,日本内阁会议决议了《未来投资战略2018》,在计划自动驾驶实用化的同时,对MaaS的引进也有所规划。自那之后,国土交通省及经济产业省等相关省厅便开始着手组织商讨会,横跨多个省厅联手推进的智慧移动出行挑战也开始启动,各种推进机制陆续完善。

根据日本内阁府《平成30年(2018年)年度经济财政报告》的内容来看,近年来随着信息通信网络、物联网、人工智能、大数据及机器人等的发展,被称为"第四次工业革命"的巨大革新应运而生。具体来说,通过互联的智能化机器及系统,以往未数据化的信息,例如人类及机器的位置及活动状况等都会被数据化,又经网络集成为大数据,而后被解析和利用,孕育出很多全新的附加价值。大数据包含了很多以往未被数据化的信息,现在大数据的使用已成现实,以人工智能的机器学习为基础的技术进一步发展,数据解析的结果也可反哺机器人,机器的自动化范围因此出现了质的飞跃。

《未来投资战略2018》会通过第四次工业革命的社会实践,彻底推进业务的数字化和生产能力的提升,最大限度地利用日本的强项和资源,由此去实现那种为日本量身定制的可持续性包容性经济社会体系"社会5.0"。任何一方都能在解决人口减少、老龄化、能源短缺及环境污染等各种社会问题的过程中充分发挥自身的力量。

"社会5.0"是继狩猎社会、农耕社会、工业社会和信息社会之后,政府所提倡的第5种社会形态。在实现"社会5.0"的过程中,MaaS等"下一代移动出行系统构建项目"乃是今后的旗舰项目,不仅是各项活动的重点领域,还是变革的牵引力。

该战略还表示,在全球范围内逐渐拉开帷幕的不仅是与自动驾驶的开发和社会实施相关的竞争,与移动出行相关的各种服务也在横向贯穿下开始激烈争斗。日本作为世界之先驱,需建立包含自动驾驶以及公共交通整体智能化在内的"下一代移动出行系统"。

首先,让我们看一看自动驾驶的实用化,即以自动驾驶为基础让各种服务成为现实。2021年是上述战略认定的里程碑。

于2021年举办的2020东京奥运会和残奥会上,会场周边有自动驾驶车辆在飞驰,而高速公路上也有列队行驶的卡车。

其次,让我们把视线转向公共交通,其目标是努力推进城镇建设和公共交通的合作,让移动出行方式的新技术、购物支援及看护服务等居民服务联系得更密切,最终打造出模范都市和模范地区。

在上述内容的基础上,继《未来投资战略2018》之后,日本内阁会议于2019年6月时又决议了《成长战略实行计划》及《成长战略后续跟踪》,这两份资料再次强调了MaaS的推进和自动驾驶的社会实施。

物联网×大数据×人工智能×机器人

如果围绕《未来投资战略2018》进行进一步的深入探讨，就会发现目前的日本社会问题堆积如山。例如，移动出行困难人群的持续增加，运输行业人手不足等。不仅是围绕技术开发的竞争愈演愈烈，与服务相关的竞争也渐渐浮现，当然这些服务应当将解决社会问题作为自身职责之一。对于日本来说，技术和服务双管齐下才最为理想。在实际社会中谋求发展和推进活动时，必须从商业模式视角出发进行探讨，希望将来各种技术服务的社会实施会进一步加速。

近来，各方常常会提起如何利用物联网、大数据、人工智能及机器人等产业，而第四次工业革命的目标就是让它们形成联动，孕育出全新的价值，而不是让它们各自为政。

在此对这4个部分进行概括。

⊙ 实际社会的全部事业及信息全面数据化,可通过网络自由对话(物联网)。

⊙ 分析收集到的大量数据,孕育出全新的价值(大数据)。

⊙ 机器可自主学习,有判断能力,超越人类(人工智能)。

⊙ 多样化且复杂的作业也可自动化(机器人)。

从这些内容中不难发现,MaaS并不是单纯地基于多样化的需求去提供无缝式移动出行服务,而是要让各领域更加紧密地联合起来。例如,以多样化移动出行需求为基础,监测行驶车辆的数据(物联网),然后通过人工智能解析这些大数据,提出更具效率的车辆运用方案(大数据×人工智能),再加上自动驾驶的引进,则能够以MaaS的构想为基石,自动运用车辆(机器人)。

像这样最大限度地利用第四次工业革命时代的技术,提升便利性,让服务提供者的运行成本更低,在能源层面提高使用效率,减少对环境的破坏,都是非常关键的要素。进一步说,在应对无现金的情况以及个性化服务方面,区块链的利用十分吸引人们的眼球。为促进各方运用积攒下来的数据,运用信息银行之类的体系或许能获得不错的效果。

MaaS是城镇建设的重要部分

对于技术层面、运用成本层面和用户负担层面，MaaS的重要性不言而喻。不仅如此，MaaS也是城镇建设和智慧城市的重要组成部分。

《未来投资战略2018》中提到过内容丰富的"下一代移动出行系统"，例如与移动相关的服务被横向串联起来。全球已经开始围绕"下一代移动出行系统"展开竞争，因此要以此为基础，让日本在自动驾驶的利用以及公共交通的整体利用方面领先于全球。目标是通过让移动出行变得高效，解决城市地区的交通拥堵及环境问题，还有为地方上在交通方面处于弱势的群体提供保障的策略等。如果全面整合这些活动，那么智慧城市也就会自然而然地成为现实。

具体来说就是上述战略的方向性，即不断推进城镇建设和公共交通合作，再让自动行驶等新技术的利用、与城镇建设联合的高效运输手段、购物支援/看护服务和

MaaS等相关举措携手共进，创造出能够根据用户需求提供全新移动出行服务的模范地区。

　　按照这样的定位来看，MaaS和城镇建设会融为一体，所以需要把MaaS看成城镇建设的重要组成部分。例如，在地方上设法持续保障移动出行时，除了维持最低级别的服务外，便利性和成本效率的提升也都是关键。此时，MaaS或许能成为一把开启通向未来的大门的钥匙。如果是大都市，在舒适的移动出行环境中增添更多附加价值，才是获得竞争力的源泉。

　　第5章会再单独阐述智慧城市。本章接下来的内容会对政府推进的措施予以说明。

在日本推广全新移动出行服务时必须做的事

经济产业省在《可支持物联网及人工智能的全新移动出行服务相关研讨会》的中途整理（2018年10月17日）中记载了以下内容。

纵观整体，日本公共交通网络的配备及机动化在一定程度上已十分成熟，国民需求在一定程度上能被较好地满足。虽然都是中肯评价，但随着人口减少，连尽力维持地方上的公共交通都变得困难重重也是不争的事实。

因此，各方都希望全新服务的扩张能够帮助解决移动出行方面的问题，例如，移动出行弱势群体表象化以及移动出行需求过密等问题，以此为提升地区的可持续性发展及都市的价值做出贡献。

然而，在海外地区，移动出行领域的物联网及人工智能的社会实施飞速发展，所以新兴国家也有可能实现飞速发展。受此影响，日本必须去考虑应该如何将新技术运用到移动出行服务中。

根据该研讨会的研究成果可知，各种原因叠加在一起使得社会逐渐处于上述那种疲敝的状态。即便将原因的范围缩小到服务的供给侧，也有两个方面要注意，一方面是实际的商业状态，另一方面则是制度。

首先从实际的商业状态来看，移动出行的数据化较为迟缓，企业之间的壁垒阻碍着数据联合，不同行业的参加程度也不同，等等。这些都是现有问题。

其次从制度来看，尽管法律并没有全面禁止某种服务形态，但我们注意到细节之后就会发现，与全新服务相关的法律运用及限制条件等有着许多不明确之处，这些原因合在一起，导致很多服务达不到海外那样的级别，比如单程型共享汽车、按需交通及最后一公里无人化配送等服务。

经由优步、Lift、Grab及滴滴出行等应用程序的大力推广，使用普通私家车接送他人的用车服务在全球范围内普及开来。然而在日本，这种由未获营业许可的驾驶员提供的有偿运输服务，尚未作为"白牌出租"得到批准。当然也有例外，交通服务的利用尚不充足的人口过疏地区还有很多，为保障当地居民顺畅出行，2006年日本对道路运输方面的法律进行了修改，在法律的支撑下，这些地域建立起了私家车有偿旅客运输制度，之后一些非营利性组织陆续开展起居民运输服务。

日本不断推进的制度修正

为了应对前所未有之变局,近年来,日本陆续对法律制度进行修正。

接下来我们来看一些主要内容。

《交通政策审议会交通体系分科委员会地区公共交通部门会中途整理》的发布

2020年1月29日,日本国土交通省综合政策局发布了《交通政策审议会交通体系分科委员会地区公共交通部门会中途整理》,这是"与保障地区旅客运输服务可持续发展全新制度性框架相关的基本思路"。即便在日本,MaaS也在加速发展,所以国土交通省对今后的地区公共交通政策做出了预测,持续推进制度探讨及法律商讨等活动。

其中包括2014年修正的与地区公共交通活力再生相关的法律,修改时,国土交通省充分考量了地区的公共交通及相关环境。此次修改将以往的地区公共交通综合合作计划视为地区公共交通网形成计划，对各地方政府的公共交通网络做了全面规划。

相应地，在城镇建设方面，则有布局合理化计划，通过制定地区公共交通网形成计划和布局合理化计划，国土交通省首次梳理出了交通网络和周边城镇建设的关联性。

此次的中途整理文件表示会重新制定地区公共交通计划（暂称），从而兼顾地区公共交通网形成计划和布局合理化计划两方面的内容。公共交通计划也会进一步促进交通网络和周边城镇建设开展合作。此外，地区公共交通计划与至今为止基本上是被"随意"制作的地区公共交通网形成计划不同，它将全力制定计划作为各市町村的义务，从而敦促各地区作为拟定计划的主体，展开规划。

对于地区的公共交通来说，无论计划还是运营都需要考虑实际情况。将来，不光是已经推进交通和城镇建设一体化的先进地区，乃至日本全国的地方政府，都要以地区为主体，制定计划，实行各种措施。正因如此，就更需要各方共享推进案例及相关诀窍。

私家车有偿旅客运输制度的放宽

2018年3月，日本国土交通省发布了修正通告《关于道路运输法中无须许可或注册的运输形态》，以下这些情况不再需要批准或许可。

①运输行为实施者未要求支付回报，事先也未就回报的支付方式作出声明，服务接受方以"表达一片心意的任意谢礼"等名义，自发性支付相当于报酬的金钱。

②当服务接受方支付的是难以换算成金钱或缺乏流通性的财物等时，例如，自家采摘的蔬菜等。

③开展相当于志愿者活动的运输服务，整个过程只收取实际运送所需的汽油费、收费公路使用费和停车费。

④市町村在开展地区性事业中使用市町村自有车辆接送人员，且产生的费用由市町村全额承担，不给用户造成任何负担。

经过这一系列修正，更加多样化的服务应运而生。

施行全年私家车的有偿配送

之前聚焦的都是与旅客运输相关的内容，相对的，货物配送方面的政策也有一定的调整。

以往，为了应对繁忙期的运送需求，只有年头年尾以及夏季等繁忙时期，有关部门才会允许私家车开展有偿货运服务。现在这种情况有所转变，若是在山区及周边地区，经过批准后，私家车全年都可开展有偿货运服务。

近年，网络购物的普及使得快递数量激增，无论什么时候，都需运输大量货物。这一现象成为调整服务开展时间的背景之一。

尤其是山区，驾驶员数量不足以及配送效率低下等问题导致货物运输愈发艰难，快递企业的负担日益沉重。此次对法律政策进行修正，其中一个目的就是减轻企业负担，让地区内的物流变得更加顺畅。

目前，日本鸟取县就在探讨共同运输体系的构建，即县内多家自治组织的负责人提供各自拥有的私家车辆，开展配送业务。

若是这一设想顺利实现，不仅能解决卡车行业驾驶员人手不足的问题，而且对那些时常需要处置货物的企业来说，配送稳定性会有所提升，从而帮助收益的维持。

修正垄断禁止法

MaaS中的"多模态服务"备受期待，可整合多种交通机构（铁路、公交、出租及共享汽车等），并通过智能应用实现一体化检索、预约和结算。

由此，除便利性有了提升，成本会在移动出行最优化的基础上有所降低以外，道路交通安全、环境及拥堵等问题也可得到改善。

但就现状而言，多模态服务基本仅仅停留在对检索和预约的不完全整合上。

因此，今后还有许多问题亟待解决。例如，需要促进移动出行数据的流通，构建中小规模交通企业基础信息数据化和数据联合的体系。

话虽如此，制度方面的枷锁不容忽视。

此前，曾经有多家位于同一都市圈的合乘公交企业，为提升网络整体的效率性和便利性，与地区之间达成了协议，欲重新整合路线网络，开展服务工作。然而，公平贸易委员会却表示这些业务与垄断禁止法相抵触，这样的批评使得各种类似活动遭受了巨大打击。

不久后，国土交通省在2019年6月内阁会议决议的"成长战略实行计划"中对将来的方针进行了阐述："会在下一期的例行国会上提出特例法，将地方银行及地方公交等从垄断禁止法适用对象中剔除。"如此一来，合乘公交企业开展的那些与路线、运行间隔及费用等相关的经营活动都能从垄断禁止法的枷锁中挣脱出来，相应体系会完备起来，企业及地区在今后能够持续地向社会提供服务。

面向超小型移动出行车辆普及的车辆认定

所谓超小型移动出行车辆是指那种比普通乘用车还要娇小，一般只能乘坐1~2人的小型车辆。当前，这些车辆有的会被用作快递车辆及观光地等地方的共享车辆。此外，尽管超小型移动出行车辆在动力源方面没有什么限制，但最近几年开发出来的产品因为考虑到环保，用途都相对集中，基本上都是应对短途移动出行的。

为了满足超小型移动出行车辆的需求，国土交通省基于道路运输法设立了很多支持性制度。例如，能够让其在公路上行驶的制度以及车辆及充电设备引进费用补助制度。

超小型移动出行车辆的公路行驶是有一定条件的，它不在高速公路等道路上行驶，针对它所行驶的场所，公共团体都采取了相应的交通安全及流畅性保障措施，因此超小型移动出行车辆只需适用道路运输法安全基准的部分内容即可。

详细来说，对于车宽在1 300毫米以下，且拥有二轮汽车特性的车辆，在灯光装置方面可适用二轮汽车的标准。此外，若是汽车在其设计上或者装备上选用了速度控制装置，最高速度在每小时30千米以下的话，便不需要适用碰撞安全性的相关基准。其他内容不再一一列举。

加速移动出行革命的5G

法律制度的完善对于CASE的发展同样重要。

本书之前的内容已对自动驾驶及"共享"进行了阐述，所以接下来会给大家阐释剩下的"互联化"和"电动化"。

首先5G的实用化对于日常事物与通信网络的连接有着深远影响。

正如第1章所述，信息技术综合战略本部在其最新版《官民ITS构想·路线图2019》中就预测未来随着互联汽车及自动驾驶的进一步普及，大量数据需要被实时地传输和交换，因此持续整备信息通信基础建设十分必要。

那么在实现物联网社会的过程中，5G作为不可或缺的基础建设备受各方瞩目。5G相比于现在智能手机等常用的4G等，除"超高速"外，主要特征还包括"多设备同时连接""超低延时"等。

正因5G拥有这些优势，所以无论是在传输4K/8K视频这种娱乐领域，还是在远程医疗等领域，它都被各方所期盼。需要在高速移动时处理大量信息的自动驾驶也是关键部分之一。目前，各汽车厂商已经开始在娱乐、交通信息的接收及安全功能等方面推进着远程信息功能通信技术的使用。随着5G的运用，这些功能将会越来越完善，更安全、更舒适的自动驾驶离我们越来越近。

接着让我们把眼光转到日本，2020年2月时，各手机运营商仍处于在限定地区内开启5G预服务（Pre-service）的阶段，当时计划在同年春季之后正式开始商用服务。

在互联汽车普及的时代中，5G是重要基础。实现5G后，全新商业活动的发展会得到促进。

被进一步强化的电动汽车普及政策

接下来让我们把视线转到电动化上,如第1章所述,日本可谓是全球汽车电动化程度较高的国家之一。

话虽如此,为了应对全球性气候变动,各方应当持续不断地做出应有贡献,这就要求电动化获得进一步发展。

目前,日本正按照"汽车新时代战略会议中途整理"和"未来战略投资2018"所提出的普及目标,推进普及电动汽车的政策。

具体来说,就是在2050年之前,"让供给到全世界的日本汽车实现世界最高水准的环保性能",这也是在全球变暖应对措施节点即2050年之前的长期目标(若真正实现,那么乘用车的电动汽车率或达100%)。

日本欲在2030年之前将乘用车新车销量中的电动汽车比例提升至5成到7成,这也是为了达到长期目标所设的里程碑。

为此，电池等的技术革新、基础建设及制度方面的整备、电动汽车性能的提升对用户来说都非常重要。

经济产业省目前正在推进充电基础建设的整备事业，这是电动汽车普及过程中不可或缺的一环。公寓、办公场所、休息设施、高速公路服务区及停车区等最希望基础建设配备能够不断加速，而经济产业省则会以这些场所为对象，在充电设备的购买费用及施工费用等方面给予补助。

此外，还会给消费者的车辆购买和持有提供相应的支持。例如，对于减排性能及油耗性能优异的汽车，根据实际情况，通过环保车辆减税政策，在汽车重量税和汽车所得税方面给消费者免税或减税，并提供清洁能源汽车引进事业费补助金。购买时，电动汽车最多可获40万日元，插电式混动车（PHV, Plug-in Hybrid Vehicle）最多可获20万日元的补助金。不仅如此，还能在目前的税制上，享受到汽车所得税不征税、重量税免税和汽车税减税的福利政策。

经济产业省希望凭借这一系列措施，推动电动汽车的进一步普及。

日本版MaaS的目标

根据日本的实际情况，基于产业共创和移动出行共创的目标运用MaaS十分重要。

在这想再次强调的是，日本的公共交通事业，哪怕放眼世界，也是较为优秀的。

根据森记财团"世界都市综合实力排行榜"公共交通项目的调查结果来看，在"铁路车站密度""公共交通的充沛、正确程度"以及"通勤和上下学的便利性"这些方面，前10名中，日本都市（东京、大阪、福冈）榜上有名。

不过，应当留意的是，日本在公共交通的运营体系方面和海外各国相比还是比较独特的。正因如此，才需要对其孕育出来的独特需求及实施方法进行切实评价。

海外地区在铁路设施（基础建设）方面，土地的拥有以及管理与铁路的运营事业是相互独立的，其他领域的企业也可开展相关业务,即多数采用"上下分离"的方式进行管理。

例如,德国、法国等西欧各国的体系是先由地方政府制定交通计划,而后国有企业会以此为基础整备基础建设,策划运行计划。然后运行及费用收取则发包给民间企业。

与之相对,日本地区则主要是让民间企业持有与铁路相关的土地及线路等的基础建设,乃至服务的运营都一并交给民间企业(见图4-1)。

也许是受这种各企业独立核算的特殊情况影响,在日本,为保持企业间的连续性,为实现理想MaaS中那些最基础的部分,就已面临诸多挑战。企业间的所谓连续性包括多个方面,例如物理连续性、信息连续性,乃至支付手段连续性。

其中物理连续性有:

- 同一站台的换乘。
- 相互直达的营运。
- 交通枢纽的整备。

信息连续性有:

- 换乘检索网站。
- 与其他公司合作的站内换乘引导标识。

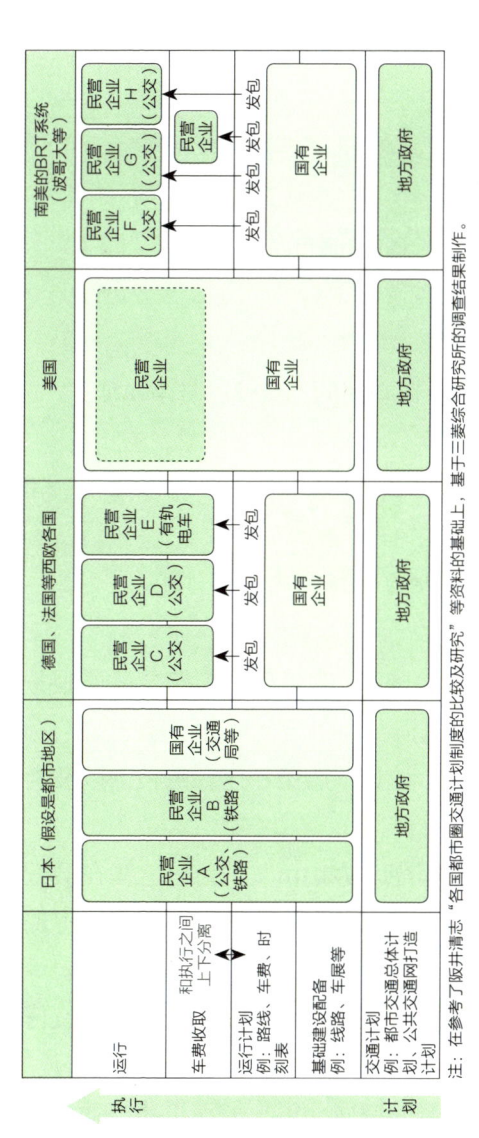

第4章 被作为日本国家战略的MaaS、CASE

	日本（假设是都市地区）	德国、法国等西欧各国	美国	南美的BRT系统（波哥大等）
执行 ← 运行 车费收取（和执行之间上下分离） 运行计划 例：路线、车费、时刻表 基础建设配备 例：线路、车辆等	民营企业A（公交、铁路） / 民营企业B（铁路） / 国有企业（交通局）等	民营企业C（公交） / 民营企业D（公交） / 民营企业E（有轨电车） ← 发包 发包	民营企业 / 国有企业	民营企业F（公交） / 民营企业G（公交） / 民营企业H（公交） ← 民营企业 ← 发包 发包 发包
计划 ← 交通计划 例：都市交通总体计划，公共交通网打造计划	地方政府	国有企业 / 地方政府	地方政府	国有企业 / 地方政府

图4-1 公共交通的运营体系

注：在参考了阪井清志"各国都市圈交通计划制度的比较及研究"等资料的基础上，基于三菱综合研究所的调查结果制作。

⊙ 收集公交位置信息，预测其到站时刻的定位系统。

费用支付手段连续性有：

⊙ IC卡车票的全国互相通用。
⊙ 1日车票。

除了以上这些，还有时间连续性，其中包括：

⊙ 区域公交，设置小型公交客运站为路线中途向干线和支线的换乘提供支持。
⊙ 公交在每小时同一时刻到站的循环时刻表。

这样看来，MaaS思想的基础，即整合多项服务的基本理念已在日本扎根。利用至今为止已有的公共交通，同时通过官民合作，让这些服务和全新的技术以及商业模式融合起来非常重要。

以芬兰的应用程序"Whim"为首，这些在最近数年内于MaaS创始地区，即北欧及西欧等国初次出现的服务，其实早在数十年之前就在日本率先实现了。

立足于此去考虑，既然有着这样的根基，那么日本的理想MaaS是能先于他国一步，甚至两步实现普及的。其中之一应该是"目的型MaaS"，它可以将移动出行及其相关活动更加无缝衔接起来。

当然，MaaS并不是单纯利用物联网的服务，既然承担着移动出行服务的任务，那么便不能忘记同样需要潜心经营的通勤、上下学及前往医院治病等市民生活。沿着这个方向考虑，日本或许也应学习他国的一些举措，可以将地区移动出行相关的基础建设配备及运行计划放在一起探讨，而实际运营再委托给别的企业。

需要重新认识的是，移动出行服务是为了维持都市活动及市民生活的社会基础建设。因为门槛较低，可以很轻易地参加或退出，所以为了不给市民生活造成影响，能否官民一体地进行服务设计、运营及评价在今后会变得愈发重要。

第 5 章

移动出行革命将成为地方创生的王牌

未来出行

城镇建设的未来

"未来投资战略2018"着重强调了"让城镇建设、公共交通及信息通信技术利用等互相协作,实现智慧城市"这一构想。

其实就是通过构建前一章所述的包含MaaS在内的下一代移动出行系统,开展全新的城镇建设。

该战略还探讨了模范都市的构建。推进城镇建设和公共交通的联合,加强对下一代移动出行服务、信息通信等新技术和官民数据的利用,将这些先进数据融入城镇建设当中。

利用自动驾驶技术的高效移动出行服务、购物支援及看护服务等,这些针对少子老龄化社会环境下城镇建设问题的解决方案将会成为地区产业的支柱。

当前,随着物联网和人工智能时代的到来,为了让每个人都能享受到"社会5.0"在社会实施的好处,即便是老年人或残障人士,也不会受身体及生活环境的影响,能去享受丰富的人生，大力推进全新城镇建设非常必要。

我们三菱综合研究所在2019年10月发布的"未来社会构想2050"中，也以"加强地区管理，向可持续地区社会迈进"为题，构想过丰富多彩且可持续发展的理想型日本社会。

在数字化技术广泛运用的社会当中，人们的居住场所很难再受通勤距离及购物便利性影响。工作和生活并非不可兼顾，地方上的核心城市等地区也能集聚一定数量的人口。根据我们试算出来的2050年日本人口分布来看，地方县厅所在城市及其他核心城市的人口占比预计会从目前的12%增加到17%。

在这样的环境中，为了提升地区社会的可持续性，以核心城市等为中心的区域是如何开展地区管理的十分重要。在区域内，根据市町村的特性实现功能分化，推进合作，让行政服务高效化，联合个别市町村的优势，提升地区魅力，这种效果很难不让人期待。此外，还能为广大地区的人才培养及研究开发等持续性成长打下良好的基础。而数字化技术必定会推动更广阔地域的地区管理。

到了2050年，很多案头工作应该都能在数字化空间内完成，所以无须居住在工作单位附近。对于地方来说，这种趋势可谓成人之美。然而，与此同时，地方上的各种工作业务也会处在更加激烈的竞争中，不仅会跨越地区甚至会跨越国境线。至今为止，许多业务都被封闭在同一地区内，这确实让很多人得到了工作。但未来，多数人的工作可能会被他人"抢夺"。

此外，日常消费也会向数字化空间转移，这会对地区密集型产业造成巨大影响。就像大型商业设施的加速汇入，会让本地的商业街区陷入困境一样，数字化经济圈若是在地区内持续渗透，那么一直支撑着地区居民生活的非基础性产业恐怕会加速衰退。

考虑到这些可能性，如果要让城镇建设支撑地区居民生活，强化包括移动出行在内的地区管理等，那么致力于发展可持续地区的活动必不可少。

人口减少造成的交通问题

日本国土交通省的《交通政策白皮书》从"移动出行革命"背景下的人口动态出发,对日本社会,尤其是地方上存在的问题做了以下阐述。所谓都市地区指三大都市圈(埼玉县、千叶县、东京都、神奈川县、爱知县、三重县、岐阜县、京都府、大阪府、兵库县),而地方则是指这三大都市圈以外的地区。

虽然日本总人口数呈下降态势,但从1980年到2018年,都市地区的人口反而增加了18%。与之相对,地方人口则先于日本总体,在2001年以后就转为下降,从1980年到2018年减少了1.1%。根据日本社会保障和人口问题研究所的预测,今后,从2018年至2045年,都市地区人口预计会减少11%,而地方则会减少21%,由此可见,地方会直面人口急剧减少的问题。

无论是都市地区还是地方,老年人口都呈上升趋势,到目前为止,地方的老年人口增速更快。据该研究所预测，在今后很长的一段时间内，都市地区的老年人口会持续增加，而地方到了2025年以后会趋向平稳。

在主要充当劳动力角色的青壮年人口方面，不管是都市地区还是地方都会逐渐减少，其中，地方的减少率更高，关于今后的预测和上述对老年人口的预测一致。

这一系列人口动态势必会对交通需求造成影响。如果都市地区和地方的青少年人口逐步减少，那么由上下学衍生的需求也会减少。地方，尤其是中小都市开展的公交和铁路服务，有一部分是为了支撑中学生和高中生上下学的。如果青少年人口出现减少，就像后面会探讨的那样，类似地区的服务的持续性将遭受威胁。另一方面，老年人口的增加，外出机会的增加，后面内容会阐述到的通用服务在这方面必须要有必要的应对。在地方上，一直依赖私家车移动出行的老年人会步入老年阶段的后期，再加上当前不断向前迈进的驾照返还政策，移动出行方式等方面的保障措施不可缺失。

企业人手不足加剧，交通服务仍无法达到需求

根据内阁府国民经济计算的结果，日本生产总值于2009年触底，金额为4 900 000亿日元，自那之后到2018年为止，一直增长到5 490 000亿日元。在这样的经济状况下，尽管就业形势有所改善，但就像日本银行在"全国企业短期经济观测调查"中发现的那样，众多中小企业愈发感到人手不足。

即使和其他所有产业相比，交通产业的劳动力不足感也是颇为严重的。例如，汽车驾驶职业（公交、出租车和卡车的驾驶员）的职位申请比率就明显高于其他职业，且上升比率也较高。此外，与其他所有产业相比，交通产业就业人数中女性占比相对较低，平均年龄相对较高。

造成类似情况的背景如下：

不规则的就业形态、长时间劳动、体力劳动等严苛

的劳动环境，使得年轻人群以及女性对这些工作敬而远之。不仅如此，经营者在面对大学应届生的战略性招聘及含女性在内的劳动环境改善方面，并没有采取足够的措施。（国土交通省《令和元年（2019年）版交通政策白皮书》，第Ⅱ部第1章第2节）

现在，各方都认识到劳动力人口会减少，那么如何保障交通服务的骨干力量渐渐成为重要课题。例如，公交事业方面，驾驶员的稳定保障变得困难，不光是已经出现赤字的线路，就连盈利线路的班次也开始减少，甚至有些线路直接被废除。铁路事业方面其实也面临同样的状况，东日本旅客铁道公司推进的山手线自动驾驶实证实验等，就是为了应对未来人手不足所采取的全新措施。

都市地区和地方面临的不同交通问题

日本都市地区和地方的交通现状以及面临的问题有很大差异。

因为经济和就业状况得到改善，再加上访日外国旅客的增加，都市地区铁路和公交运输人员数持续增加，在此期间各种活动被有序推进，例如，全新铁路线路的设置、站台屏蔽门配置等车站设施改良、新车辆引进、IC卡系统引进等设备投资。

另外，高峰时段的道路拥堵、火车的车厢内拥挤以及因为这些问题导致的晚点等形势仍旧严峻。例如，2018年时，在东京圈内的通勤和上下学时间段的平均拥挤率为163％，和过往10年间的水平持平，下降态势停止，这依旧是交通事业不得不面对的问题之一。

而地方上则面临人口减少的问题，不仅如此，人们在日常生活中对私家车的依赖程度更高。受此影响，合乘公交乘客数量缓慢减少，地区铁路使用人数止步不前，导致日本全国的地区铁路企业有76%，地方合乘公交企业有85%都出现了赤字。目前这种情况已对服务的持续性造成了深远的影响。

实际上，无论公交还是铁路都存在线路裁撤的情况。地方人口减少导致乘客减少，考虑营利性后，削减运行线路数量，这又致使乘客数量减少，就像多米诺骨牌一样，陷入了连续性的崩塌当中。

之前也已阐述，相比于都市地区，地方人口的减少更为迅速，老年人口的增速也更快。将视线转向老年人外出趋势的话就会发现，相比于所有人，稍年轻的老人（65~74岁）在休息日的外出率更高，这也说明很多老年人依旧非常健康活跃。此外，从老年人所使用的交通方式来看，外出时有一半都常用私家车，而不是公共交通。

背景之一就是老年人的驾照保有率在增加。假设很多人原先就拥有驾照，随着年龄增长自然地老龄化，目前就已有超过50%的老年人拥有驾照，不难想象，这一比率可能还会增加。

75岁以上的老人，与未满75岁的老年人相比，前者中驾照持有人遭遇的死亡事故件数更多。正因如此，驾照自主归还的数量呈现增加态势。

尽管老年人的外出在增加，但地方的公共交通服务规模要么持续缩小,要么陆续关停。根据国土交通省国民意识调查(《平成30年度国土交通白皮书》)的结果可知,公共交通的规模缩小在一定程度上给居民生活带来了不便。

愈发被人们期待的MaaS

前述内容基于《交通政策白皮书》明确了日本交通中存在的问题。

随着超老龄化以及人口减少等问题的加剧,用户也在随之减少,一些无法盈利的交通企业选择退出,导致移动出行弱势群体的出行方式无法得到保障。此外,例如入境人员的增加、依旧严峻的道路拥堵、满员电车问题及二氧化碳排放等众多问题导致日本公共交通依旧困难重重。

在这样的状况下,MaaS不仅会给日本都市地区和地方的各种交通问题的解决做出贡献,而且作为地区社会、经济及全新都市的重要装备,也会给城镇建设及基础建设配备造成一定的冲击。

在实施地方创生政策的过程中,即使从生活层面来看,住、行、学、健康、休憩及购物等方面也都面临着层出不穷的问题。例如,医疗和看护服务的骨干力量缺乏，地区零售及生活相关的服务在衰退，基础建设中维持管理的负担在增加等。

移动出行与生活中的众多领域联系密切，MaaS不仅能推动许多课题的解决，而且还有潜力让地区生活更加充实。

此外，如后面讲述的先进地方政府采取的措施那样，将物联网、人工智能、大数据及机器人等新兴产业的技术叠加利用，通过各种信息通信技术的工具及平台，促使其他产业的各种服务与交通行业展开合作，也许可以创造出全新的产业。

未来出行

向问题的解决迈进

2019年6月,日本内阁会议决议的"成长战略后续跟踪"中阐述了包含MaaS在内的理想型可持续发展地区的公共交通的方针等,国土交通省也计划对制度进行必要的修正。

根据2020年1月国土交通省所发布的内容来看,有以下课题及主题。

① 由地区自行设计地区交通。
② 从移动出行人员视角出发,改善已有服务。
③ 确保郊外和人口过疏地区的移动出行方式。
④ 重视计划的实际性及服务的持续性。

与这些内容对应的具体措施正在被迅速推进。

对于制度、负担承受、支援及财政来源等方面的问题,需要进行更广泛的探讨。例如,在教育(校车等)、医疗、福利（去医院、家庭护理及介护中心护理等）等领域，为保障居民的移动出行，有些行政机关正在对民间交通企业提供支援，或实施业务委托。对横跨行政区域的负担承受、支援及财政来源进行商讨也许能让可持续发展的交通早日成为现实。

未来出行

MaaS为何而存在？

或许有些重复，由于地方缺乏人、物和资金，所以各个领域的问题都在浮现，希望解决这些问题的需求愈发高涨。

因此，不光是移动出行，居住、工作、学习、健康、休憩及购物等方面都开始出现危机。

因为移动出行将生活的众多领域连为一体，所以MaaS或许能让许多问题早日被解决。

但是，有一个问题就是"MaaS是为何而存在的"，明确这样的问题意识是非常必要的。

为了实现工作、学习、健康、休憩及购物等目的，一般来说人们的生活都会涉及移动出行。也就是说移动出行变得更加便利，目的或目标的达成也会更加容易。

另外，不仅是移动出行服务，在其他领域去大力发展并运用信息通信技术的交流沟通功能，再把它和MaaS连接起来也十分重要。

因此，行政服务、医院预约、观光信息的提供及住宿预约等领域都需要数字化。

也就是说，提供MaaS服务时，移动出行会被数字化，而后进行供需调整和匹配。联合其他领域的数据后，从居民和用户的角度来看，便利性会切实地增加，而从服务提供侧的角度来看，稼动率[①]会有提升，收益性也会增加。

---

① 稼动率：指设备在所能提供的时间内为了创造价值而占用的时间所占的比重。——译者注

> 未来出行

MaaS所开拓出的地方未来

若沿着以上内容深入观察，会发现各个地方政府已经开始为实现地方创生而开展的各种活动。

长野县伊那市

伊那市位于长野县南部，被南阿尔卑斯（赤石山脉）和中央阿尔卑斯（木曾山脉）包夹着，城市中央部又有天龙川和三峰川流淌而过，如此优美的环境让它被认定为自然共生都市。

和其他地方政府一样，该市也面临着日益加剧的少子老龄化问题，人口已开始减少。老龄化人口约占三成，地区产业的骨干力量不足以及独居老人的增加等都是该地区的棘手问题。

2018年，该市制定了"新兴产业技术推进愿景"，将物联网、人工智能、大数据及机器人等新兴产业的技术叠加起来，运用到了各种活动中。

具体来说，例如，利用自动驾驶技术提升地区内公共交通经营效率和便利性等。除此以外特别值得一提的是对于无人机的利用，除了让地区内快递等物流运行更加高效外，还被引进到丘陵地区，构建安全且抗灾性强的物资搬运体系。这可谓"含丘陵地区的地方都市版"的智慧城市模型。

为优化无人机的利用，该市和KDDI公司（电信运营商）之间签署了合作协议，共同推进物流无人机项目"空中配送系统构建事业"的实证实验。

此外，该市还和大型医疗设备企业飞利浦日本、莫奈科技等合作，开启了全新服务的实际验证，就这样MaaS和医疗被有效融合。工作人员驾驶全新开发的医疗保健专用车辆前往患者家，患者可上车通过视频接受医生的远程诊疗。

群马县前桥市

日本经济产业省、国土交通省从2019年4月起启动了名为"智能化移动出行挑战"的全新项目，前桥市是成员之一。很多企业都在利用全新移动出行服务的社会实施向移动出行课题的解决及地区活力化发起挑战。该项目便是对这些地区和企业所做尝试的支持。

该市参加此项目的愿望是，在地区公共交通网形成计划的基础上达到交通网络再构建的效果，并逐渐提升市民移动出行的便利性，最终目标是引进前桥版MaaS。

2020年1月，该市与若尔丹公司（Jorudan）、都科摩公司、未来Share公司、日本电信电话数据公司以及群马大学缔结了基础性协议，今后将会促进物联网、人工智能及自动驾驶等全新技术的合作，并推进各种实证实验。

率先开始的是市内所有地区的路线检索和按需交通配车预约服务的试运行，不仅能够通过地图信息及地点信息等完成出发地到目的地的路线检索，还可一并预约市内的按需交通。

此外，该市还和市内企业联手，利用应用中的优惠券功能，如此一来用户便可从对象设施那里获得各种优惠，同时这一举措也可以对移动出行方式和服务的联合程度进行验证。

在此基础上，该市会在市内的芳贺地区开展一公里出租的实证实验，这也是促进出租车和公交车相互利用的政策。在对象地区内设置有很多换乘点，预计会和公交连接在一起，然后利用对接短途移动出行的出租车，引进能够支持一公里移动出行的交通方式。这些都是为了验证实际移动出行状态发生的变化。

在市内的限定地区内，有关自动驾驶公交的实证实验也在火热进行。

北海道上士幌町

在市中心地区、周边市区和农村地区，提升儿童及老年人等交通弱势群体的移动出行便利性是目前上士幌町面临的一大问题。

此外，为了促进都市地区居民移居上士幌町或前来交流，增加当地的活力，必须进一步增加地区内的移动出行方式。

该町以"让城镇生活更有活力——上士幌MaaS项目"为主题，畅想着全新移动出行服务的引进，构思的内容包括以"上士幌町交通客运站"为中心的现有公共交通的重组、按需运行的交通、自动驾驶公交及移动销售车等。保障多项交通服务之间的衔接性，确保有助于立足观光基地，提升地区活力，"增加居民外出机会""增加观光客/提升洄游性"以及"增加移居者"都是该项目希望实现的东西。

2019年10月起，该町和软银驾驶等公司进一步开展了两项实证实验，都是智能化移动出行挑战的组成部分。

其中一项是运用自动驾驶车辆的商品配送。该实验与配送事业相关，自动驾驶车辆在町内超市和老年人聚居住宅区之间行驶，采用货客混载方式，运送对象包括上士幌町居民购买的商品、预约配送的商品以及上士幌町居民。

另外一项实证实验是通过MaaS应用让前往观光地的移动出行实现最优化。智能手机应用不仅包含铁路等现有的移动出行方式，还包括共享汽车、班车、租赁自行车及租赁电动自行车等其他一些丰富的移动出行方式，提供给用户前，这些方式会被组合成最佳移动出行方案，用户则在其引导下体验相关服务。

用户只要使用应用便可简便地移动到周边观光地及饮食设施场所。此外，该服务还计划在今后依次添加能够创造出移动出行需求以及能够让移动出行方案最优化的功能，例如，根据移动出行的行为赋予相应的积分等。

山阴地区（鸟取县、岛根县）

该地区以一般社团法人山阴入境机构为中心，推进着促进访日外国人观光游览的活动。

日本和海外游客前往该地区的主要途径十分多样。其中米子鬼太郎机场与韩国、中国香港之间有直达航班，境港则会接待游轮、定期货客船，鸟取站、米子站、松江站都有关西、山阳方向而来的铁路及高速公路。

观光客抵达该地区后，可供换乘的有专线公交、地区铁路、出租车及租赁自行车等。然而随着人口减少等问题的显现，路线裁撤和规模缩小等问题愈发严重，观光的便利性受到了持续性的打击。

在此情况下，如何能让观光客更高效更无压力地游览，成了该地区的一项重要课题。

为此，山阴地区采取了很多举措，希望能在广阔地区内实现无缝式游览。除了以松江及出云等地区的铁路、专线公交和机场公共汽车为主要对象的3日内交通工具"自由畅享"外，还涵盖了许多优惠门票等。例如，可享受30多家景点的打折门票及商品服务的"结缘完美门票"以及包含水木茂纪念馆、青山刚昌故乡馆等鸟取县6家观光景点的3日内入场有效的"漫画王国鸟取畅游公共汽车"等。

此外,该地区还有一些仅限访日外国人的服务,不仅有免费优惠券可以领取,而且还可以通过智能手机应用"周游通票"来运用店铺二维码享受无现金结算服务。通过这些服务获取到的游客行动履历及消费记录都会被用于后续的市场营销活动。

未来出行

选定19项"先行模范事业"

"全新移动出行服务推进事业"支持着MaaS等全新移动出行服务向前迈进。2019年6月,国土交通省从公开征集的51项事业中选定19项认定为"先行模范事业",它们不仅热度较高,而且是能引领全国的先锋。

详细内容如下。

⊙ 大都市近郊型、地方都市型:6项事业,神奈川县川崎市、箱根町、兵库县神户市、茨城县日立市、茨城县筑波市、群马县前桥市、静冈县静冈市。

⊙ 地方郊外、人口过疏地区型:5项事业,三重县菰野町、京都府南山城村、京都丹后铁路沿线地区、岛根县大田市、广岛县庄原市。

⊙ 观光地区型:8项事业,东北海道观光型MaaS的移动出行及车辆数据收集、利用的实际验证、会津侍MaaS项目、伊豆观光型MaaS实证实验、志摩地区观光型MaaS实证实验、目标大津市市中心及比叡山周游活力化的大津市版MaaS实证实验、山阴地区（鸟取县、岛根县）观光型MaaS实际验证事业、迈向复兴的濑户内；通过海陆空自由移动出行网络创造国际观光先进都市、八重山MaaS化事业（阶段1：为构建观光型MaaS的实证实验）。

此外，国土交通省还在此次的应征团体中选拔了很多"合作伙伴"。这些团体非常希望通过官民合作的方式推进各种活动，向日本版MaaS的实现迈进。今后还会利用与经济产业省合作的智能化移动出行服务发起推进协议会内部的信息共享，提出建议，为各种服务的实现提供支持。

以未来的智慧城市为目标

前项所述有一些共通特征,就是无论哪一个项目或活动都是横跨多领域的,在整合数据的同时,或提供高效的个人服务,或寻求行政服务的高效化。

在此基础上,为了今后的实际验证和实施,在日本总务省和国土交通省等的主导下,包含移动出行在内的"智慧城市"活动或许会加快前进的步伐。

2020年12月,日本内阁会议决议了第2期"城镇、人、工作创生综合战略"。该资料如此阐述:"许多地区少子老龄化、生产年龄人口减少的问题日益严重,结果就是交通弱势群体增加、医疗和看护服务的骨干力量不足、地区零售和生活相关服务的衰退、基础建设维持管理的负担愈发繁重等各种社会问题堆积如山,这些都是地方创生过程中应当解决的问题。此外,即便年轻一代有移居到地方的意愿,但儿童医疗及教育资源的不足最终会成为阻碍。"除了这些内容,资料还对信息通信技术等未来技术抱有极大的期待，认为它们是地方在解决社会问题时的重中之重。

为此，下列课题的推进会进一步加速。

① 5G等信息通信基础的尽快整备。
② 数字化人才的培养和保障。
③ 数据利用平台的整备。

未来技术的实践需要根据各地区的实际情况展开，为此，相关省厅必定会团结一致，跨越不同领域支持各种都市问题的解决。例如，各领域采用的具体解决方法、实现地区发展的活动、智慧城市及超级城市等课题。

在以山区为首的一些地区，维持管理居民所必需的生活服务功能（医疗、看护、福祉、购物、公共交通、物流、燃料供给及教育等）已经成为较大课题。前述资料提到，包含该课题的地区和地方公共团体会通过自动驾驶MaaS等全新移动出行服务及无人机配送服务等措施，并结合地区实际情况，实践或推进各项技术服务，从而提升地区交通的便利性，让人们的生活更加充实富足。

无论哪项活动都需要这些地区的核心人群在今后和国际信息技术企业等加强合作，让地区变得更宜居。其中，如何跨领域地有效利用个人数据会起到关键作用。

"若是把个人信息提交给这家公司，我是很放心的""如果能让这个地区变好，那某公司使用自己的个人信息也没关系"等，这些反映了人们对地区有深厚感情以及对企业的满意度较高。

在地区内的实施过程中，社会实验非常重要。一边让用户切身感受到服务带来的便利性，一边让他们提出改善意见或建议，在提升众人参与意识的同时不断提升服务质量。

如果这些内容地区都能做到，那么地区一定会变得更加强大。

固有的历史、文化和生活使得日本的地方极具多样性，日本文化、产业和人才的厚重感及优势也正是因此被孕育了出来，独立创造了可持续性地区社会，即"地方创生"的意义就在于守护日本的固有优势，将它们提升到更高层次。

当前，地方都市基本都面临着人口减少的问题。这些都市需要意识到自己所处地区的固有价值，相比于和大都市进行比较，将这些价值有效利用起来反而更重要。

终章

街区会蜕变，
生活也会蜕变

未来出行

日益广泛的CASE
——索尼汽车的冲击

2020年国际消费类电子产品展览会（CES 2020）于2020年1月7日到10日在美国内华达州拉斯维加斯成功举行。在这个世界最大规模的家电、信息技术等消费类电子产品展上，日本企业发布了2个抓人眼球的产品。

一是索尼发布的试作电动汽车VISION-S。

根据索尼的描绘，该款车将移动出行方面的安心感和安全感作为基础，同时包含了舒适度及娱乐等其他元素。在试作车辆上，索尼大量融入了可以说是门派绝学的成像与传感技术。车载软件更是融合了人工智能、通信及云技术，软件控制，让车辆功能可持续更新，持续进化。

为了检测和识别车内外的人或物，实现高度的驾驶支援，VISION-S配置了包含索尼车载图像传感器在内的33个传感器。

此外，打造能够给人带来全新感官体验的车载娱乐系统也是其目标之一。因此车内人员不仅可以通过各个座椅的内置扬声器享受极具立体感的音场体验，而且还能直观地操作前排座椅前方搭载的全景式屏幕，沉浸在丰富多彩的娱乐内容当中。

为了实现高度的自动驾驶，给人们以安心感和安全感，索尼在做出应有贡献的同时也将能够给用户带来全新感动体验的移动出行世界展现在了世人面前。

一直以来，家电厂商在国际消费类电子展会等活动上发布汽车时，大多都会有意识地去反映未来家电的形态，概念中更看重超未来感的设计。但是，此次索尼发布的VISION-S在外观方面和普通汽车别无两样，即便在未来几年的城市当中穿梭，也不会有任何违和感。

汽车厂商以外的企业也开始打造车辆是CASE时代的标识。

> 未来出行

丰田欲以互联城市作为目标

另外一家给人带来惊喜的日本企业是丰田，它发布的是"互联城市"项目。在这个实际验证各项技术的都市里，支撑人们生活的所有物品及服务都被互联起来。

该项目使用的是位于静冈县裾野市的已经计划封闭的旧丰田工厂场地。将来丰田会在这约0.71平方千米的场地范围内着手城镇建设（预计2021年开工）。

丰田的目标是打造出能够引进和验证自动驾驶、MaaS、个人移动出行、机器人及人工智能等的都市。未来，支撑人们生活的所有物品和服务的信息都会被互联起来，该项目的目标则是看准时代发展趋势，在该城镇中让技术研发、服务开发和实际验证这一循环高速运转，让其持续孕育全新价值及商业模式。

关于具体构想，人及车辆所用道路会被分为3类，这些道路会被编织成网眼状，形成街道。

终章 街区会蜕变，生活也会蜕变

3类道路如下。

① 高速车辆专用道路，只有"e-Palette"等完全自动驾驶且零排放的移动出行工具才可行驶。

② 类似于步行大道的道路，行人和低速个人移动出行工具可共存。

③ 与公园内步道类似的道路，行人专用。

在街道各处最为活跃的会是MaaS用电动汽车的"e-Palette"配车服务，除负责人员运输及物品配送外，还能转变成移动店铺。

该都市的街道被编织成网眼形状，丰田汽车将该都市命名为"编织城市"（Woven City），与道路的整体形象十分契合。预计初期会有约2 000名居民居住，主要包括丰田的工作人员和项目的相关人员。

此外，为了推进城镇建设，丰田还面向全球各种企业及研究人员，发出了参加实际验证的招募邀请。

2020年3月，为了能在智慧城市商务活动事业化方面构建起尽可能长期且可持续的合作关系，丰田汽车与NTT达成了商业合作伙伴关系。

两家公司会共同推进"智慧城市平台"。那么，为什么丰田要进军城镇建设领域了呢？

丰田汽车社长丰田章男曾在2019年公布的《年度报告2019》的卷首语中以"为了向移动出行公司转型"为题做了以下叙述：

"至今为止，丰田是在汽车产业这一已被确立的商业模式中成长而来的。但现在，因为名为CASE的技术革新，汽车概念本身就已在变化。而且，如果汽车的概念发生变化，那么我们的商业模式也必须随之一起改变。（中间省略）

今后，支撑人们生活的所有物品和服务都会被信息连接起来，因此需要从包含汽车在内的城镇整体和社会整体这种宏观角度去思考，也就是说需要有'互联城市'这种构想。（中间省略）

根据互联城市这一构想去思考时，会发现在即将到来的时代里，仅依靠丰田自身或汽车自身是无法生存下去的。能够在整合优势的同时，互相提升竞争力，和谐合作的'伙伴'显得十分必要。此外，随着CASE的发展，时代正在向自动化急速迈进。"

即便只看索尼和丰田的案例也会明白，在百年一遇的大变革中，所有产业都面临与日俱增的巨大变动。

终章 街区会蜕变，生活也会蜕变

目标是先行实现智慧城市的超级城市

正如第5章所述，政府在积极地推进城镇建设。

之前提到的《未来投资战略2018》也谈到"让城镇建设中的公共交通和信息通信技术的利用等联合起来，实现智慧城市"的目标。这也是通过利用自动行驶技术的高效移动出行服务、购物支援及看护服务等，向解决少子老龄化这种社会问题迈出的关键一步。

其中的先行举措是建设"超级城市"。

所谓超级城市，是指率先体现了第4章所提概念，即"第四次产业革命"，同时，能让人过上变革性便利生活的最先进城市。以往"能源"及"交通"等领域都是各自为政，分别在个别领域开展临时的实装实验，但超级城市则不同，最为明显的特征就是去全方位地打造未来都市。

在这种超级城市内，不仅有自动驾驶电动汽车在街道上行驶，而且还有利用数据做支撑的停车管理及多模式配送，这些绝对能体现出MaaS和CASE的精髓。

2020年2月，日本内阁会议决议了日本国家战略特区法修正案，目的就是实现建成超级城市这一构想。政府也希望能够尽快实现这一宏伟愿望。

大阪世博会是
移动出行革命的展台

2025年4月到10月，大阪世博会这一巨大项目将在大阪市梦洲区登场亮相。届时，预计会有2 820万人到场参观，同时能给当地经济发展带去约20 000亿日元的资金。

博览会以"让生命闪耀光芒，未来社会的设计"为主题，提出了能够自由交换和共享全新构想的概念"未来社会的实验场所"。

为了将概念具体化，日本经济产业省建立了由各领域有识之士共同组成的"世博会计划具体化商讨工作组"，2019年7月底该工作组整理汇总了一份报告书。

报告书提议，将会场按字面意思作为"未来社会的实验场所"，开展新技术、新服务和新系统的实际验证，向社会实践发起挑战。同时针对交通和移动出行提出了关西地区、日本全国等广阔范围的广域引导理念，对象包含与世博会会场连接起来的社会各方以及前往世博会场馆参观的人员。

大阪世博会,不仅对于关西,甚至对于整个日本来说都是一个能在经济、社会和文化等方面实现质的飞跃的巨大契机。与此同时,还会成为适合本书阐述的各种移动出行革命组成要素的展台。

若从本书发行时间开始算起,距离世博会的举办已剩不到5年时间,各种各样的探讨争论风起云涌。看上去距离开幕好像还有一段时间,但实际上已没有任何拖延的余地了。届时,为了能将日本最先进的交通和移动出行服务展现给世界,关西圈的居民、企业、行政机关自不必说,全国性的参与机会也能增多。

移动出行革命会带来丰富多彩的生活

日本已从平成时代步入令和时代。时代在转动,"人的移动"以及"物的移动"也因此发生着巨大转变。

其中一个原因就是MaaS、CASE的发展。不光能够单纯地实现高效交通,还有可能促进与丰富生活紧密相关的社会变革。

今后,即便数字化社会进一步发展,访友、接受医疗服务、购物以及观看戏剧等"实际体验"也不会衰退。其价值可能会越来越高。

这对老年人等交通弱势群体来说也是喜讯。若成功实现移动出行革命,那么即便实现"驾照返还",人们依然能和亲自驾驶车辆一样往来于各处,享受活力十足的日常生活。此外,日常购物以及前往医院等所需的"生活双脚"也能得到保障,学习、劳动及交流等参与社会的机会将更多。

随着移动出行革命持续发展，这类实际体验将更加多姿多彩。例如在观光时，如果将长途交通网络和地区内名胜古迹的游览组合成高效的游玩方式，那么将能够更轻松闲适地体会到更多的实际体验，例如享受美食，或者将自己置身于壮丽的大自然之中。

自由的移动出行是支撑绚烂生活以及保障地区活力的基本条件。希望移动出行革命能构建起每个人都可获得多样化活动机会的社会。

附录

共同研究报告

行为变化的机理和超越MaaS的可能性

序言

共享服务愈发贴近我们的生活，自动驾驶也随之在社会实施。在此背景下，全新移动出行方式以及使用这些方式的移动出行服务陆续登场。各种各样的物品都开始从被拥有向被使用转移。在这样的潮流中，汽车也不例外，逐渐成为被人们所使用的物品，甚至触发了移动出行革命。

不仅如此，MaaS逐渐在社会中实施，除了移动出行领域，它还波及了其他产业，让所有产业，乃至整个社会都发生了变革。这正是所谓的移动出行革命。

本报告从用户角度去分析不断发展壮大的MaaS，为了成为对社会更有益的产品，成为更易被用户接受的产品，MaaS应当呈现怎样的状态呢？MaaS让用户行为发生变化，用户又对MaaS抱有一定需求，所以三菱综合研究所和日本科技公司MaaS Tech Japan联手开展了调查，接下来就为大家介绍最终的调查结果。

1　关东地区1都3县移动出行的实际状态

此次调查采用问卷调查的形式，对象是关东地区1都3县（东京都、千叶县、神奈川县、埼玉县）内的居民。从普遍视角来看，各界在探讨时，基本上都将都市圈移动出行的未来面貌分为"都市型"和"都市近郊型（或郊外型）"两类。基于此，本调查在分析时将回答者分为东京23区和23区外两部分。

本章会概括介绍人们的外出频次、目的和移动出行方式。

平日和休息日的外出频次

在外出频次的调查结果方面，不同地区和有着不同工作情况的人们之间有着巨大差异。首先从平日来看，工作人群的外出率（回答"几乎每天都外出"的比例）与地区无关，都达到70%。因为有工作，所以外出率都呈现较高倾向也是理所当然的。相对的，待业人群方面，23区的外出率是43%，而23区以外则少10%，为33%。那休息日呢？23区外的待业人群外出率为28%，相比于回答其他选项的要低上许多。

总而言之，23区外待业人群等的外出率较低（见图1和图2）。

外出目的

在外出目的方面，有半数以上的回答者表明日常外出的目的是"购物"。接下来的是"兴趣或休闲"，占比接近三成（见图3）。

外出时所利用的手段

在外出时的移动出行方式方面，私家车利用率较高，此外，因为居住地的不同结果有明显差异。23区的私家车利用率是21.7%，而23区外则高达51.5%。即便是1都3县，23区以外的居民都将汽车当作了生活中的常用工具（见图4）。

移动出行方式有无变更和变更理由

针对日常生活中人们是否会对移动出行的手段及线路进行变更开展了调查。颇有意味的是，无论有什么理由都不会变更移动出行方式的回答者人数的比例，无论是23区还是23区外都达到了48%，接近一半。而在回答会变更移动出行方式的人当中，23区和23区外的人都是天气原因占据首位，比例在40%左右。由此可见，只要不发生天气变差等意外情况，那么1都3县的居民基本每天都会按固定线路移动出行。这也是市中心地区仍旧面临着严重的交通拥堵问题的原因之一。

附录 共同研究报告

人数比例（%）

23区

工作人群：几乎每天都外出 78.9 ｜ 3~4天外出1次 9.7 ｜ 1~2天外出1次 6.1 ｜ 基本不怎么外出 ｜ 几乎不外出 4.9 / 0.4

待业人群：43.4 ｜ 26.3 ｜ 17.1 ｜ 8.6 ｜ 4.6

23区外

工作人群：72.2 ｜ 14.8 ｜ 5.2 ｜ 4.3 ｜ 3.4

待业人群：33.8 ｜ 26.5 ｜ 23.9 ｜ 9.7 ｜ 6.2

出处：三菱综合研究所（以下全部相同）

图1　外出频次（平日）

人数比例（%）

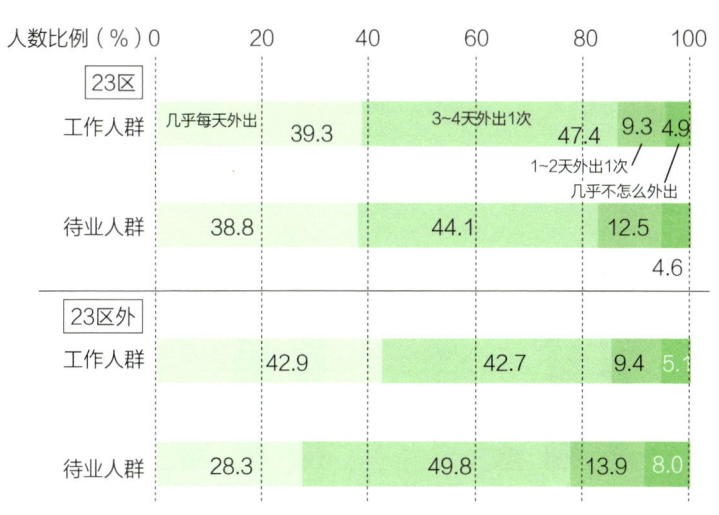

23区

工作人群：几乎每天外出 39.3 ｜ 3~4天外出1次 47.4 ｜ 1~2天外出1次 9.3 ｜ 几乎不怎么外出 4.9

待业人群：38.8 ｜ 44.1 ｜ 12.5 ｜ 4.6

23区外

工作人群：42.9 ｜ 42.7 ｜ 9.4 ｜ 5.

待业人群：28.3 ｜ 49.8 ｜ 13.9 ｜ 8.0

图2　外出频次（休息日）

201

未来出行

人数比例（%）

图3　外出的目的

23区：购物 57.4，兴趣·休闲 27.8，去医院 17.8，其他 13.5
23区外：购物 62.8，兴趣·休闲 26.4，去医院 17.6，其他 12.9

人数比例（%）

图4　外出（购物）所使用的手段

23区：徒步 70.1，自行车 39.9，公交 10.0，电车 36.7，私家车 21.7
23区外：徒步 54.0，自行车 36.9，公交 8.7，电车 23.9，私家车 51.5

2 以移动出行服务为起点的行为变化的可能性

有无价格变动引起的行为变化

最近，各方都深刻地认识到缓解通勤高峰期以及观光地的拥堵已然成为社会问题之一。那么以移动出行服务为起点，促使用户行为变化，是否能真正解决这些问题呢？

本问卷在调查时预想了一项服务，它会根据拥堵程度的变化调整交通工具的使用价格，以此调查了用户的移动出行机制是否会出现变化。就结果来说，为追求廉价路线，如图5所示，回答"会变更移动出行方式"的人数比例接近半数（49.4%），回答"会变更移动出行时间段"的人数比例达到34.4%，与变更移动出行方式的意愿相比低了15%。由此可见，与回答者是否拥有充裕时间及金钱并无太大关联，人们的行为无论有什么样的特征都显示出了共通趋势。这是因为"移动出行是种手段而非目的"这种认识在人们的认知中占据基础地位。换句话说，相比于以金钱利益为动机改变移动出行方式，调整移动出行时间段反而更困难。

从这样的结果来看，例如缓解23区通勤高峰期的拥堵，除非存在工作时间变化等因素，否则即便促进错时上下班（时差出勤），恐怕也很难带来大幅改善。与其如此，在相同时间段内提供其他路线及交通方式，效果说不定会更好一些。

人数比例（%）

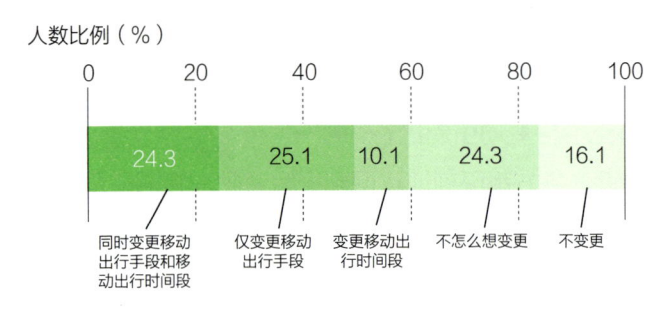

| 24.3 | 25.1 | 10.1 | 24.3 | 16.1 |

同时变更移动出行手段和移动出行时间段　仅变更移动出行手段　变更移动出行时间段　不怎么想变更　不变更

图5　因价格变动引起的行为变化

今后，为了能够以移动出行服务为起点让用户的移动出行行为发生改变，是否能确保地区内有多种交通方式是至关重要的前提。为此，从交通企业的视角来看，不仅需要进一步丰富充实公司的服务，而且还需要和其他公司的移动出行方式互相联合。从缓解拥堵的角度来看，多类别移动出行企业之间的服务合作在某种程度上会再次成为重要课题。

有无因积分返还引起的行为变化

除价格诱因外，优惠券及积分返还也可替代价格变动起到引导用户的作用。根据调查结果，为追求积分返还，回答"会选用拥堵率较低的路线移动出行"和"考虑选用拥堵率较低的路线移动出行"的人数比例为67%左右（见图6）。作为价格变动的代替措施，它确实会有一定效果。

人数比例（%）

```
0      20       40       60       80      100
   ←――――― 66.7 ―――――→
   21.7  |   45.0    | 17.6 | 15.7 |
```

用拥堵率较低的　考虑选用拥堵率较低　不太想选用　完全不想用
路线移动出行　　的路线移动出行　　拥堵率较低的　拥堵率较低的
　　　　　　　　　　　　　　　　路线移动出行　路线移动出行

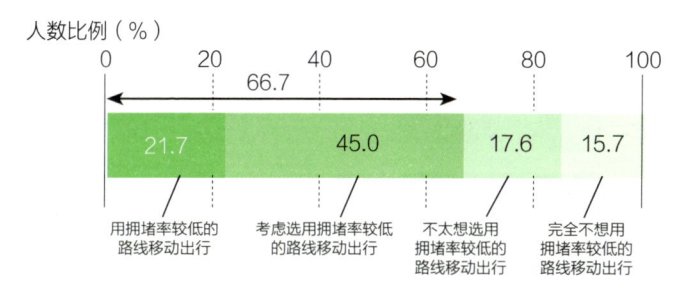

图6　因积分返还引起的行为变化

3　对整合已有移动出行的需求

定额制MaaS的使用意向

本调查设想了一项服务，即整合已有移动出行服务，用户每月以固定价格即可任意畅享移动出行（以下称为定额制MaaS）。此次调查了人们使用该服务的意向。从结果看，整体上表现出会使用（回答"想要使用""考虑使用"的人数比例）的为44.2%（见图7）。再从地区来看，23区回答"想要使用"的人数比例为13%，而23区外则是7%，两者相差5%。

定额制MaaS的内容

每月定额的服务，除了任意畅享公共交通方式（既有铁路线路、私营铁路、公营公交、私营公交、共享单车）外，还发放出租车票（2千米×5张）。

人数比例（%）

	想要使用	考虑使用	不太想使用	不使用
合计	8.7	35.5	28.7	27.0
23区	12.8	37.1	27.1	23.1
23区外	7.3	35.0	29.3	28.4

图7　定额制MaaS的使用意向

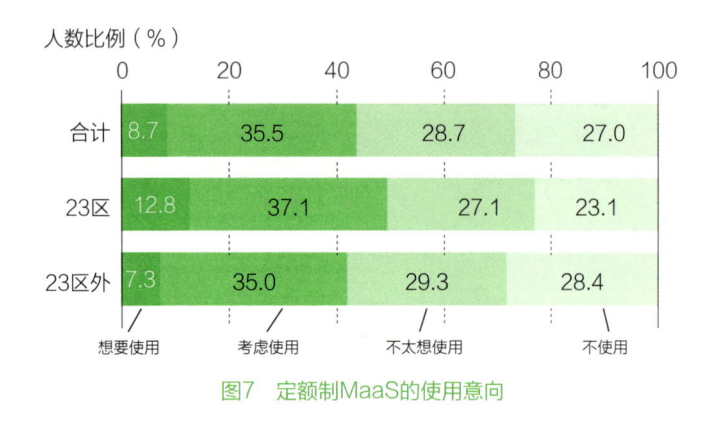

每月交通费和若使用定额制MaaS时的心理预期费用

在定额制MaaS的意向费用（心理预期费用）方面，使用意向较高的23区回答3 000日元以上的达到了57%（见图9），"目前每月交通费"中回答3 000日元以上的为36%（见图8）。两者对比，前者的比例可以说是很高了。不仅如此，回答为了定额制MaaS，可以支付比"目前每月交通费"更高或者同等费用的人数超过了六成（见图9）。这很好地暗示了今后人们可能愿意给MaaS支付比现在的交通费更高的费用。尤其是都市地区，即便相比目前的交通费它有一定程度的上升，但这也表明人们对交通出行的整合是有一定需求的。

因定额制MaaS的存在而增加的外出频次

类似服务亮相后，应该也会让人们的外出模式发生

人数比例（%）

| 23区 | 11 | 53 | 29 | 7 |

0日元　0~3 000日元　3 000~10 000日元　10 000日元以上

图8　每月交通费（通勤和上下学除外）

人数比例（%）

| 23区 | 44 | 46 | 11 |

3 000日元以下　3 000~10 000日元　10 000日元以上

人数比例（%）

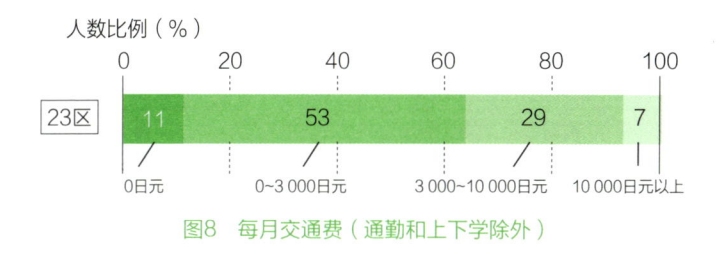

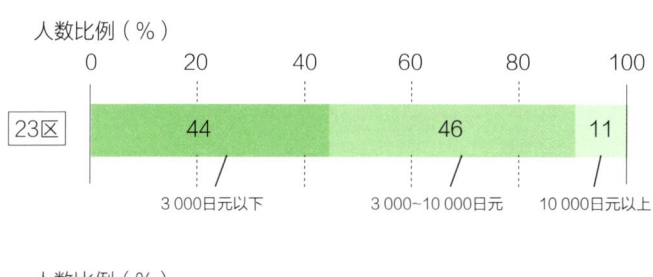

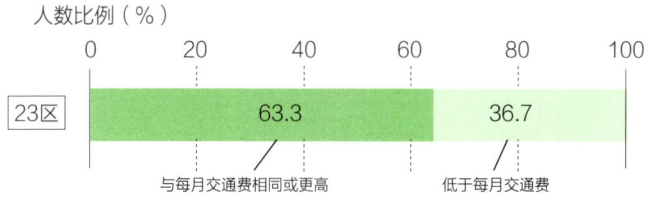

| 23区 | 63.3 | 36.7 |

与每月交通费相同或更高　低于每月交通费

图9　若使用定额制MaaS时的心理预期费用

变化。例如，根据调查结果，使用定额制MaaS时，以购物、兴趣和休闲为目的的外出频次在增加（见图10和图11）。这是因为交通费定额化后，交通方式的使用门槛降低。也就是说，定额制MaaS拥有促进购物、兴趣及休闲等"非日常目的外出"的效果。

未来出行

人数比例（%）

购物 **兴趣·休闲**

图10 频次增加的外出项目（平日）

23区：有工作 39.5 / 31.0；待业 52.9 / 48.6
23区外：有工作 33.3 / 19.8；待业 55.6 / 39.1

人数比例（%）

购物 **兴趣·休闲**

图11 频次增加的外出项目（休息日）

23区：有工作 62.0 / 64.3；待业 50.0 / 57.1
23区外：有工作 60.5 / 50.0；待业 52.7 / 43.0

随着电子商务的飞速发展，近些年来，各方都十分担心人们的外出会出现断崖式减少。但是经过设计，是能够通过移动出行服务挖掘出潜在外出需求的。例如，对于23区外的待业人群来说，定额制MaaS被引进后，好处就在于即便没有定期票券，也能轻松前往都市地区。

前一章说过"23区外待业人群外出频次较低"。今后这一倾向可能会迎来改变。

4 目的型MaaS的可能性

23区对于已有移动出行的整合抱有一定的需求，这一点已非常明确。23区配备有多种交通方式，因此整合后它本身就拥有卓越的便利性，这也是为何人们有相应需求的最大理由。

另一方面，像23区外也有交通方式相对较固定的地区，但人们对交通出行服务的整合是否真的有需求呢？单纯地整合多种交通方式，恐怕很难让用户感受到附加价值。

因此在这里想要再次强调的是"移动出行说到底是手段，并非目的"，这一点之前也阐述过。仅靠移动出行服务个体难以创造附加价值，与其他产业合作，设计符合人们移动出行需求的服务，才是开拓道路的正确方式。

本书将这种服务称为目的型MaaS。

目的型MaaS就像健康MaaS以及观光MaaS之类所代表的那样,主要特点就是明确提出了与移动出行相关的意向及目的。

目的型MaaS的使用意向

例如:①"徒步等与健康相关的移动出行时间较多时,会有提供购物积分的服务",从整体来看人们对这种具体服务的使用意向达30.3%,相比于移动出行个体MaaS,即前述"定额制MaaS"中8.7%的使用意向,要高出很多。更具意味的是,拥有特定嗜好的回答者反响程度也更高。比如日常有徒步习惯的人群("1天徒步30分钟以上",回答"有徒步习惯"的人),其使用意向达38.8%,与无徒步习惯的人群相比,相差15%以上。

而②"成为老年人后,早期归还驾照,便可任意使用公共交通方式的服务"的使用意向也较高,为19.4%。年龄层次和使用意向成正比。其中60~69岁为37%。此外,最近受到老年驾驶员事故的影响,有孩子的回答者的使用意向也在变高(见图12)。

由此可见,目的型MaaS的使用意向要比移动出行个体MaaS高出许多。尤其是特定人群(性别、年代和嗜好等)的反响程度更高。这也暗示了迎合用户需求设计的目的型MaaS,能够提供拥有高附加价值且很能"戳中用户痛点"的服务。

附录　共同研究报告

人数比例（%）

① 徒步等与健康相关的移动出行时间较多的话，会赋予其购物时可以使用积分的服务　30.3

② 成为老年人后，早期归还驾照，便可任意使用公共交通方式的服务　19.4

同意提供移动出行信息后，自己的健康状态及健康意识会被分析，从而能接收到最适合生活、保健品或健康食品提议的服务　14.8

满载自己所爱食物及日用品的移动销售车辆，来到自己家附近，供自己购买的服务　8.4

前往医院时，可在车内进行诊疗前的简单检查，减少在医院中的等候时间的接送服务　7.5

迎接孩子时，可在保育园到家之间的移动出行中使用的票券，被包含在保育园费用内的服务　5.4

在预约观光地住宿的同时，还可以选择想要前往的观光地点。前往住宿地及观光地点的交通手段及票券可被一并购买的服务　5.2

根据当天到家时间，可自动烹饪、烧热水、调节空调等的服务　4.5

在前往演奏会及音乐会等活动会场时，使用了躲避拥堵的路线时，可获得到场者特别的服务　4.5

图12　目的型MaaS的使用意向

211

结语

本报告针对MaaS给用户带来的行为变化和用户对MaaS的需求进行了调查。

通过调查MaaS引发的用户行为变化，明确了定额制服务会为人们创造出外出需求，而价格变动体系会促进拥堵的缓解。这也在一定程度上再次确认了MaaS是可以解决一些都市问题及产业问题的。

徒步等健康相关的移动出行较多的话，会被赋予购物时可用的积分。使用该服务的意向，如图13所示。

成为老年人后，若早期归还驾照，就能任意使用公共交通方式。使用该服务的意向，如图14所示。

尽管调查了用户对MaaS的需求之后明确了都市地区对于现有移动出行的联合确有一定需求。但放眼市中心以外地区会发现仅依靠这种手段是不够的。在提供高附加价值的服务时，仅靠移动出行的联合远远不够，还需要设计出个性化的服务。此时，积极地与其他产业展开合作必不可少。

就像开头所述，MaaS会超越移动出行领域，让所有产业及社会所有方面发生变革。因此我们需要跨越产业壁垒，以更广更高的视野看待社会，提供符合用户需求的服务。

附录 共同研究报告

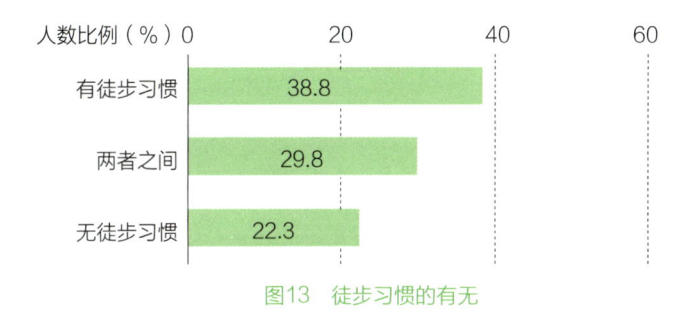

人数比例（%）

类别	比例
有徒步习惯	38.8
两者之间	29.8
无徒步习惯	22.3

图13 徒步习惯的有无

人数比例（%）

年龄

年龄	比例
20~29岁	7.3
30~39岁	8.6
40~49岁	12.5
50~59岁	19.7
60~69岁	37.0

图14 使用MaaS服务的意向

问卷调查方法

- 调查方法：利用消费者市场预测系统MIF（Market Intelligence & Forecast），网络问卷调查
- 调查对象：居住在1都3县（东京都、千叶县、神奈川县、埼玉县）20~69岁的男性及女性
- 调查时间：2019年6月7—10日
- 回答人数：1 500人
- 性别：男性779人（51.9%）/女性721人（48.1%）
- 有无工作：有工作800人（53.3%）/待业700人（46.7%）
- 居住地：23区（东京都区域）399人（26.6%）/23区以外1 101人（73.4%）